Lieblingsplätzerl

Leckerl aus Ostbayern
Kekserl aus Oberösterreich

Lieblings-Plätzerl

Leckerl aus Ostbayern
Kekserl aus Oberösterreich

Ausgewählt und redaktionell bearbeitet von Irmi Hofmann

Neue Presse Verlags-GmbH, Passau

ISBN 3-924484-45-7
1. Auflage 1992
© By Neue Presse Verlags-GmbH, Passau
Gesamtherstellung: Neue Presse Druckservice GmbH, Passau

Selten steht Selbstgebackenes so hoch im Kurs wie zu Weihnachten. Was wäre das Weihnachtsfest ohne Plätzerl, Leckerl, Kekserl?

Mit Hilfe der Leser der PNP und der Oberösterreichischen Rundschau ist es jetzt gelungen, ein „grenzüberschreitendes" Plätzerlbuch zu schaffen. So können bayerische Leckerlbäcker österreichische Kekserl kosten und österreichische Kekserlbäcker bayerische Plätzerl auf ihrem Weihnachtsteller anbieten.

Daß diesseits und jenseits der Grenze leckere Plätzerl gebacken werden, zeigen die aus einer großen Fülle von Einsendungen ausgewählten Rezepte in diesem Buch. Jeder Einsender steht mit seinem Namen ein für sein „Lieblingsrezept".

Ihnen allen herzlichen Dank!

Da viele Hausfrauen vor Weihnachten stark unter dem Streß der Vorbereitungen für das Fest stehen, freue ich mich besonders, Ihnen das Kapitel **Schnelle Schnitten** anbieten zu können. Hier finden Sie köstliche Leckereien in großer Auswahl – mit geringem Zeitaufwand auf dem Blech zu backen.

Vollkornbäcker suchen sich natürlich zuerst ihre Kekserl aus dem Kapitel **Vollkorngebäck**. Sie können aber auch alle anderen Rezepte mit Vollkornmehl variieren.

Für Ihre liebsten Freunde als ganz besonderes Geschenk: selbstgemachtes **Konfekt**!

Damit Sie sich rasch bei der Auswahl Ihrer Leckerl zurechtfinden, habe ich die Rezepte in folgende Kapitel eingeteilt:

Schnelle Schnitten
Makronen
Konfekt
Vollkorngebäck
Lebkuchen
Plätzerl
Stollen und Früchtebrot

Viel Spaß beim Backen und Naschen!

Irmi Hofmann

Tips für Ihre Weihnachtsbäckerei:

★ Backpapier ist mehrfach verwendbar und spart das zeit- und arbeitsaufwendige Fetten und Mehlen der Bleche.

★ Rollen Sie klebrige Teige zwischen Frischhaltefolie aus, so bleiben sie saftiger. Durch ständiges Mehlen werden sie spröde.

★ Jeder Ofen heizt anders – Sie kennen Ihren Ofen – berücksichtigen Sie dies bei den Temperatur- und Zeitangaben.

★ Lassen Sie das Gebäck vor dem Verpacken gut auskühlen.

★ Bewahren Sie stark gewürztes Gebäck nach Sorten getrennt auf.

★ Pergamentpapier zwischen den einzelnen Lagen verhindert das Zusammenkleben.

★ Lebkuchengebäck wird weich, wenn Sie es einige Tage an nicht zu trockener Luft stehenlassen – dann in Blechdosen oder Steinguttöpfe verpacken.

★ Lagern Sie knusprige Plätzchen und Makronen in fest verschließbaren Dosen.

★ Stollen und Früchtebrot halten sich gut in Alufolie eingewickelt.

Inhaltsverzeichnis

Konfekt

Lebkuchen

Makronen

Plätzerl

Schnelle Schnitten

Stollen
Früchtebrot

Vollkorngebäck

Konfekt

Arraknüßchen

250 g geröstete, geriebene Haselnüsse
200 g Puderzucker
2 Eiklar
4 EL Arrak oder Cognac
Schokoladenglasur
Pistazien, Mandeln, Walnußkerne, Kokosflocken
zum Garnieren

Haselnüsse, Puderzucker, Eiklar und Arrak gut miteinander vermengen. Aus der Masse eine Rolle formen und kleine, runde Scheiben abschneiden. Plätzchen auf Alufolie setzen und zwei Tage trocknen lassen. Mit Schokoladenglasur überziehen und nach Belieben mit Pistazien, Mandeln, Walnußhälften oder Kokosflocken verzieren.

Sabine Grüblinger
A-4621 Sipbachzell 63/Österreich

Feigenschnitten

500 g Feigen
200 g getrocknete Bananen
50 g Walnußkerne
1 MSP Kardamom
1 MSP gemahlene Nelken
1–2 EL Rum
1 P. große viereckige Oblaten

Feigen, Bananen und Walnüsse durch den Fleischwolf drehen, mit Gewürzen und Rum gut vermengen und 1–1 $1/2$ cm dick auswellen. Feigenmasse in Form der Oblaten schneiden, zwischen Oblaten legen und mit einem Küchenbrett 2–3 Stunden beschweren. Kühl stellen, dann in beliebige Formen schneiden.

Beate Löw
Unterrohr 16, 8398 Pocking 1

Geleekrapferl

400 g Zucker
400 g kleingeschnittene Äpfel
80 g geschälte, gestiftelte Mandeln
40 g feingeschnittenes Zitronat
Saft von einer Zitrone und einer Orange
Oblaten, Durchmesser 3 cm
Zitronenglasur

Zucker mit etwas Wasser in einem Topf so lange erhitzen, bis er Fäden zieht. Äpfel zugeben und kochen, bis die Masse sulzt. Nun Mandeln, Zitronat und soviel Orangen- und Zitronensaft ein-rühren, bis eine gut streichfähige, festere Masse entsteht. Diese auf Oblaten streichen und an der Luft trocknen lassen, bis sich an der Oberfläche ein Häutchen bildet. Abschließend mit Zitronenglasur überziehen.

Friederike Kamme
Prof.-A.-Lutz-Weg 8, A-4040 Linz-Pöstlingberg/Österreich

Großmutters „Falsche Pralinen"

2 EL Kakao
1 Prise Kaffeepulver nach Belieben
2 EL Butter
3–4 EL Milch
2 Tassen Zucker (je nach Süße)
3–4 Tassen Haferflocken
Rumaroma oder anderen Geschmack

Milch mit Butter, Kaffeepulver und Zucker erhitzen. Haferflocken und Aroma beimischen, abkühlen lassen. Aus der Masse kleine Kugeln formen und zum Trocknen in einen nicht zu kalten, aber luftigen Raum legen.

Franziska Burner
Piering 1, 8348 Wittibreut

Herrenschleckerle

300 g Marzipan
70 g Puderzucker
6 Eigelb
Mark einer Vanilleschote
30 g Kakao

zum Wälzen:
50 g Kakao
50 g Puderzucker

Pralinencreme:
60 ml Sahne
120 g dunkle Kuvertüre
40 ml Rum oder Cognac

Marzipan, Puderzucker, Eigelb, Vanillemark und Kakao glattrühren. Mit dem Spritzbeutel mit Lochtülle kleine Tupfen auf das
Backblech (Backpapier) spritzen und ca. 6 Minuten bei Mittelhitze zart backen. Nach dem Auskühlen je zwei Tupfen mit der
Pralinencreme zusammensetzen.
Für die Creme die flüssige Sahne in einem Topf aufkochen lassen
und darin die zerkleinerte Kuvertüre schmelzen. Nach dem Abkühlen mit Rum oder Cognac abschmecken. Bevor die Creme fest
wird, glattrühren und je zwei Marzipantupfen damit zusammensetzen.
Jedes Konfekt in flüssige dunkle Kuvertüre tauchen und sofort in
Kakao oder Puderzucker wälzen.

Edeltraud Hänghuber
Pfarrfeldstraße 4, 8265 Neuötting

Honigkonfekt

30 g Butter
50 g Zucker
1 P. Vanillinzucker
$^1/_8$ l Sahne
50 g getrocknete, kleingeschnittene Datteln
50 g getrocknete, kleingeschnittene Feigen
100 g gehobelte Haselnußkerne
100 g gemahlene Haselnußkerne
25 g kleingeschnittene rote Belegkirschen
3 EL Honig
Backoblaten (4 cm Durchmesser)
Schokoladenkuvertüre
Papier-Pralinenförmchen

Butter, Zucker und Vanillinzucker unter Rühren so lange erhitzen, bis die Masse leicht gebräunt ist. Sahne zufügen und rühren, bis sich der Zucker vollkommen gelöst hat. Dabei die Masse nicht zu heiß werden lassen. Nun Datteln, Feigen, Haselnüsse und Belegkirschen untermengen und unter Rühren schwach kochen lassen, bis alles gebunden ist. Wenn ein fester Kloß entstanden ist, Honig unterziehen.
Honig-Früchte-Masse jetzt mit zwei Teelöffeln in sehr kleinen Häufchen auf Oblaten setzen und bei etwa 175 Grad 8 bis 10 Minuten backen.
Konfekt auf einem Kuchenrost abkühlen lassen und die überstehenden Oblaten abbrechen. Unterseite des Honigkonfekts mit Schokoladenkuvertüre bestreichen. Sobald die Kuvertüre fest geworden ist, Konfekt in die Pralinenförmchen setzen.

Elisabeth Altmann
Obergessenbach, Josefstraße 8, 8353 Osterhofen

21

Kaffeewürfel

1–2 TL lösliches Kaffeepulver
$^1/_4$ l Schlagobers (Sahne)
250 g Schokolade
4 EL Eierlikör
5 rechteckige Oblaten
Schokoladenglasur

Schlagsahne erhitzen, mit zerkleinerter Schokolade und Kaffeepulver aufkochen lassen, abkühlen. Nach dem Erkalten Masse mit
dem Handmixer aufschlagen. Eierlikör unterrühren. Vier rechteckige Oblaten mit der Masse bestreichen, aufeinander setzen und
mit einer fünften Oblate bedecken. Konfekt mit einem Küchenbrett beschweren und im Kühlschrank fest werden lassen.
Mit Schokoladenglasur überziehen und in Würfel schneiden. Kühl
aufbewahren.

Sonja Spiessberger
Arnberg 7 , A-4931 Mettmach/Oberösterreich

Marzipankartoffeln mit Schuß

250 g feingemahlene Mandeln
250 g Puderzucker
1 Eiweiß
3 EL Kirschwasser oder Himbeergeist
etwas Kakao

Mandeln mit Puderzucker vermengen, mit Kirschwasser und Eiweiß verkneten. Aus dieser Masse kleine Kugeln formen und im
Kakao wälzen.

Hedwig Heindl
Metting 11, 8448 Leiblfing

Mokkakugeln

100 g Schokolade
1 Eigelb
100 g geriebene Nüsse
60 g Zucker
1 TL Pulverkaffee
$^1/_2$ EL Cognac
20 g feingewürfeltes Orangeat
50 g Hagelzucker

Die Schokolade im Wasserbad schmelzen lassen, mit Eigelb und Zucker verrühren und mit den übrigen Zutaten verkneten. Danach die Masse zu kleinen Kugeln formen, diese in Hagelzucker wenden und einige Tage an einem kühlen, trockenen Ort stehen lassen. Mokkakugeln in gut schließenden Gläsern aufbewahren.

Monika Rauscheder
Furth 1/Roßbach, 8267 Niedertaufkirchen

Mozartkugeln

250 g Nougat
250 g Marzipanrohmasse
150 g Puderzucker
3 EL Rosenwasser
200 g Zartbitterkuvertüre

Aus der geschmeidigen Nougatmasse Kugeln mit einem Durchmesser von ca. 1 $^1/_2$ cm formen. Rohmarzipan mit gesiebtem Puderzucker und Rosenwasser verkneten. Marzipanmasse auf Puderzucker ca. 2 mm dick ausrollen und in Quadrate mit 5 cm Kantenlänge schneiden.
Nougatkugeln in die Mitte der Quadrate legen und darin einrollen. Ränder gut andrücken und nachformen. Kuvertüre schmelzen, Kugeln auf Spieße (Zahnstocher) stecken, durch die Kuvertüre ziehen und auf den Spießen trocknen lassen (Spieße in halbierte Krautköpfe oder Äpfel stecken).
Nach Belieben können die Mozartkugeln auf einem grobmaschigen Sieb gerollt werden, um eine rauhe Oberfläche zu erhalten.

Christa Kröll
Untere Dorfstraße 10, 8351 Nindorf/Buchhofen

Pfefferminzwürfel

125 g Plattenfett (Kokosfett)
125 g Zartbitterschokolade
125 g Zucker
2 Eier
3 Tropfen Minzöl (Apotheke)
100 g gemahlene Haselnüsse
8 Oblaten (12 × 20 cm)

Fett und Schokolade zusammen im Wasserbad schmelzen. Zucker unterrühren, Masse etwas abkühlen lassen und Eier, Minzöl und Haselnüsse untermengen. Oblaten auf Alufolie legen, sieben Oblaten mit der Masse bestreichen, etwas antrocknen lassen, dann übereinanderschichten und mit der achten Oblate abdecken. Etwas andrücken, die Alufolie an den Rändern hochziehen, über Nacht im Kühlschrank fest werden lassen. In Rechtecke schneiden und nach Belieben in Zellophanpapier wickeln.

Hermine Weigel
Kranewittweg 73, A-5280 Braunau/Österreich

Rumkugeln

125 g Butter
200 g Zucker
2 mittelgroße Eier
2 P. Vanillinzucker
70 g Kakao

500 g Haferflocken
2 Fl. Rumaroma
3 EL Rum
3 EL süße Sahne
Raspelschokolade

Butter bei geringer Hitze schmelzen und wieder abkühlen lassen. Eier mit Zucker schaumig rühren, Vanillinzucker, Kakao, Haferflocken, Rumaroma, Rum, Sahne und die noch flüssige Butter zugeben und alles gut verrühren. Mundgerechte Kugeln formen, in Raspelschokolade wälzen und trocknen lassen. Gut verschlossen im Kühlschrank aufbewahren.

Renate Stiller
Geißbergstraße 8, Hinterfirmiansreut, 8391 Philippsreut

Walnuß-Aprikosen-Konfekt

125 g getrocknete Aprikosen
3 EL Aprikotbrandy
200 g Marzipan
100 g Puderzucker
Walnußhälften zum Verzieren
100 g Zartbitterschokolade
etwas Pflanzenfett

Aprikosen klein würfeln, mit Aprikotbrandy übergießen und zugedeckt über Nacht stehen lassen. Marzipan mit dem Mixer einarbeiten. Puderzucker auf das Backbrett sieben, Masse darauf gut
durchkneten. Gut 2 cm dicke Rollen formen und 1 cm breite Scheiben abschneiden. Auf jede Scheibe eine Walnußhälfte drücken.
Zartbitterschokolade mit Pflanzenfett schmelzen, Marzipanstücke
darin eintauchen. Auf Backpapier trocknen lassen.

Theresia Beutlhauser
Niedersatzbach 5, 8391 Thyrnau

Schokoladendukaten

200 g Butter
200 g geschmolzene Schokolade
400 g Puderzucker
100 g Kakao
2 Eier
8 cl Rum
600 g Biskuitstäbchen

Butter mit Schokolade, Puderzucker, Kakao, Eiern und Rum verrühren. Kleingeschnittene Biskuitstäbchen untermengen und aus
der Masse eine Rolle mit ca. 3 cm Durchmesser formen (evtl. mit
Hilfe von Frischhalte- oder Alufolie). Die Rolle im Kühlschrank
fest werden lassen, dann in Scheiben schneiden.

Karin Bürgmann
4625 Offenhausen/Neubau

Schoko-Cornflakes

300 g Zartbitterschokolade
200 g Vollmilchschokolade
20 g Kokosfett
150 g Haselnüsse, fein gemahlen
170 g Cornflakes

Schokolade und Kokosfett im Wasserbad schmelzen. Cornflakes mit der Hand etwas zerbröseln und zusammen mit den Nüssen unter die Masse rühren. Etwas abkühlen lassen, dann mit zwei Teelöffeln kleine Häufchen auf ein Backpapier geben und trocknen lassen.

Anneliese Kagerer
8338 Stadl 3/Schönau

Schokoladen-Rumkugeln

100 g Puderzucker
100 g geriebene Nüsse
100 g geriebene Schokolade
1 Eidotter
etwas Rum
Schokoladenglasur zum Überziehen
grob gehackte Nüsse, Kokosraspeln
oder Schokostreusel zum Verzieren

Puderzucker, Nüsse, Schokolade, Eidotter und Rum vermengen und Kugeln daraus formen. Etwas antrocknen lassen. Kugeln mit einer Gabel oder auf einem Zahnstocher in Schokoladenglasur tauchen und auf Pergamentpapier setzen. Wenn die Glasur etwas angezogen hat, Rumkugeln in grob gehackten Nüssen, Kokosraspeln oder Schokostreuseln rollen.

Josefine Förk
Marktmühlgasse 29, A-4033 Linz/Österreich

Schokoladenknusperchen

150 g Vollmilchschokolade
100 g Zartbitterschokolade
10 g Butter
1 P. Vanillinzucker
75 g Kokosraspeln
85 g Cornflakes

Schokolade in kleinen Stücken mit Butter und Vanillinzucker im Wasserbad bei schwacher Hitze schmelzen, abkühlen lassen. Kokosraspeln und Cornflakes untermengen. Masse in Pralinenförmchen füllen oder in Häufchen auf Backpapier setzen, trocknen lassen. Schokoladenknusperchen kühl aufbewahren.

Maria Schöllner
Jahnweg 5, 8359 Eging am See

Walnuß-Marzipan-Konfekt

300 g feingeriebene Walnüsse
300 g Puderzucker
1 EL löslicher Kaffee
2 EL Rum
Glasur:
150 g Puderzucker
heißes Wasser
Walnußhälften zum Verzieren

Walnüsse mit Puderzucker vermischen. Kaffee in 3 EL heißem Wasser auflösen, Rum zufügen und unter die Nuß-Zucker-Masse kneten. Auf gesiebtem Puderzucker Masse ca. $^1/_2$ cm dick ausrollen und beliebige Formen ausstechen. Auf Butterbrotpapier legen und einen Tag trocknen lassen.
Das Konfekt mit Zuckerglasur bestreichen und mit Walnußhälften verzieren.

Gaby Hofmann
Rennweg 5, 8441 Aiterhofen

Zwetschgenkugerl

250 g Dörrzwetschgen
100 g Nüsse
60 g Orangeat
Saft und Schale einer Zitrone
1 EL Rum
2 EL Honig

Dörrzwetschgen und Orangeat fein hacken oder durch den Fleischwolf drehen, geriebene Nüsse und übrige Zutaten untermischen.
Aus der Masse kleine Kugerl formen und in Nüssen wälzen.

Karoline Angerer
A-4512 Weißkirchen 92/Österreich

Weihnachtskonfekt „Heinerle"

500 g Pflanzenfett (Kokosfett)
500 g Puderzucker
500 g Kokosflocken
6 Eier
3 EL Kakao
2 EL Kaffee
große eckige Oblaten

Fett schmelzen, Puderzucker und Kokosraspeln untermengen, etwas abkühlen lassen. Eier schaumig rühren, Kaffee und Kakao
unterrühren. Eimasse vorsichtig unter die Fettmasse rühren. Je vier
Oblaten mit der noch warmen Masse ca. $\frac{1}{2}$ cm dick bestreichen.
Mit der fünften Oblate bedecken, in eine Folie wickeln und mit
einem Buch beschweren. Über Nacht kalt stellen. Am nächsten Tag
in kleine Würfel schneiden.

Annemarie Augustin
Buchenweg 14, 8371 Kirchdorf i. W.

Schneeplätzchen

50 g Kokosfett
250 g Puderzucker
2 EL Kakao
etwas Kokosflocken oder gemahlene Nüsse

Kokosfett im Wasserbad schmelzen, Puderzucker zugeben und gut verrühren. Kakao einrühren. Nach Geschmack Kokosflocken oder Nüsse zufügen. Die flüssige Masse in Förmchen gießen und im Schnee oder im Eisschrank erkalten lassen.

Cilly Schreidobler
Öd 4, 8399 Kößlarn

Haselnußtrüffel

150 g gemahlene Haselnußkerne
50 g feingehackte Rumrosinen
50 g gesiebter Puderzucker
etwas Zimt
300 g Vollmilchkuvertüre

Haselnüsse mit Rumrosinen, Puderzucker und Zimt mischen. Kuvertüre im Wasserbad zu einer geschmeidigen Masse verrühren. Die Hälfte der Kuvertüre unter die Nußmasse mengen, abkühlen lassen. Aus der Nußmasse kleine Kugeln formen, mit der restlichen Kuvertüre bestreichen und nach Belieben garnieren.

Eugenie Baumann
Böhmerwaldweg 10, 8340 Pfarrkirchen

Lebkuchen

Basler Leckerli

500 g Honig
250 g brauner Zucker
75 g Sukkade
50 g Orangeat
250 g abgezogene, gehackte Mandeln
1 EL Zimt
1 TL gemahlene Nelken
$\frac{1}{2}$ TL Muskatblüte
1 unbehandelte Zitrone
1 Tropfen Anisöl
1 P. Vanillinzucker
4 cl Rum
600 g Mehl
10 g Pottasche
Mehl zum Ausrollen

Guß:
250 g Puderzucker
2 EL Zitronensaft
7 EL Wasser

Honig erhitzen, Zucker darin auflösen, abkühlen lassen. Sukkade und Orangeat fein würfeln, mit Mandeln, Zimt, Nelken, Muskatblüte, abgeriebener Zitronenschale, Anisöl, Vanillinzucker und Rum zur Honigmasse geben. Zuletzt Mehl und Pottasche unterrühren. Alles gut miteinander vermengen und zugedeckt über Nacht stehenlassen.

Den Teig am nächsten Tag auf Mehl ausrollen und in Rechtecke (4 × 10 cm) schneiden. Nebeneinander auf ein mit Backtrennpapier ausgelegtes Backblech legen. In den kalten Backofen schieben, auf 200 Grad ca. 25 Minuten backen.

Puderzucker mit 7 EL Wasser und 2 EL Zitronensaft glattrühren. Die Basler Leckerli damit bestreichen und trocknen lassen.

Reinhard Weigel
Kranewittweg 73, A-5280 Braunau/Oberösterreich

32

Dauerlebkuchen

900 g Roggenmehl
500 g Rohzucker
250 g Honig
6 Eier
1 P. Lebkuchengewürz

2 EL Natron
200 g Orangeat
200 g Nüsse
200 g Zitronat

Orangeat, Zitronat und Nüsse fein hacken. Mehl mit Zucker, Gewürz und Natron vermischen, übrige Zutaten gut einarbeiten. Teig auf der Arbeitsfläche gut durchkneten und mindestens eine Stunde kühl rasten lassen. Nicht zu dünn ausrollen und beliebige Formen ausstechen. Lebkuchen auf einem mit Backpapier belegten Blech ca. 15–20 Minuten bei mittlerer Hitze backen.

Maria Kainz
A-4941 Mehrnbach, Renetshan 10/Österreich

Dunkle Pfeffernüsse

250 g Honig
125 g Zucker
40 g Butter
20 g geschälte, geriebene Mandeln
abgeriebene Schale einer Zitrone
1 Prise Kardamom,
1 Prise weißer Pfeffer
$1/2$ TL Zimt
5 g gemahlene Nelken
375 g Mehl
5 g Pottasche in etwas Rosenwasser aufgelöst
Arrak zum Bestreichen

Honig , Butter und Zucker erwärmen, die geschälten, geriebenen Mandeln, Gewürze, Mehl und die aufgelöste Pottasche zugeben. Teig gut kneten, dann ziemlich dick auswellen und kleine Nüßchen ausstechen. Diese 2–3 Tage stehenlassen. Gebäck wenden und mit etwas Arrak bestreichen. Bei Mittelhitze ca. 20 Minuten backen.

Waltraud Katzinger
Mühlstraße 10, 8406 Sünching

Elisenlebkuchen

470 g Zucker
6 Eier
1 TL Vanillinzucker
480 g Haselnüsse, teils grob, teils fein gemahlen
50 g grob gehackte Walnüsse
100 g fein geschnittenes Orangeat
100 g fein geschnittenes Zitronat
je $\frac{1}{2}$ TL gemahlene Gewürze: Zimt, Gewürznelke,
Piment, Koriander, Muskatblüte, Kardamom, Muskatnuß
2 P. Oblaten 50 mm
Kandierte Früchte oder Nüsse zum Verzieren

Zucker, Eier, Vanillinzucker schaumig rühren, bis sich die Masse verdoppelt und der Zucker sich aufgelöst hat.
Nüsse, Orangeat, Zitronat und Gewürze untermischen. Zugedeckt an einem kühlen Ort einen Tag ruhen lassen. Am nächsten Tag kleine Kugeln formen und auf Oblaten setzen. Bei etwa 200 Grad ca. 12–15 Minuten backen.

Anneliese Sanladerer
Sulzbachweg 6, 8399 Ruhstorf 1

Gewürzlebkuchen

500 g Zucker
4 Eier
125 g gemahlene Nüsse
60 g Orangeat
60 g Zitronat
$\frac{1}{2}$ TL gemahlene Nelken
1 TL gemahlener Zimt
600 g Mehl
Zitronenaroma
1 P. Backpulver
Oblaten

Zucker und Eier schaumig rühren, die geriebenen Nüsse, Gewürze und Mehl mit Backpulver beigeben. Alles gut miteinander verarbeiten. Den Teig ca. $\frac{1}{2}$ cm dick auswellen, runde Laibchen ausstechen und auf Obladen bei 160 Grad ca. 20 Minuten backen.

Berta Kolbe
Mühlhamer Straße 9, 8353 Osterhofen

34

Feigenlebkuchen

60 g Butter
250 g Farinzucker
100 g Zucker
1 Ei
125 g Zitronat
125 g Orangeat
$^{1}/_{4}$ Kranz Feigen (fein geschnitten)
200 g Nüsse, gehackt
$^{1}/_{8}$ l Milch
30 g Kakao
500 g Mehl
1 P. Backpulver
Mandeln, Pistazien oder
kandierte Früchte zum Verzieren

Aus Butter, Zucker, Farinzucker und Ei Schaummasse rühren. Übrige Zutaten untermengen und Teig gut durchkneten. Etwa $^{1}/_{2}$ cm dick ausrollen und beliebige Formen ausstechen.
Lebkuchen auf Oblaten setzen und mit abgezogenen Mandeln, Pistazien oder kandierten Früchten verzieren. Vor dem Backen 10–15 Stunden trocknen lassen. Bei Mittelhitze ca. 15–20 Minuten backen.

Christa Aschenbrenner
Klafterding 100, 8359 Hofkirchen

Ellis Lebkuchen

1 kg Mehl
500 g Bienenhonig
500 g Farinzucker
30 g Kakao
250 g Butter
5 Eier
150 g gemahlene Mandeln
150 g frisch geknackte und
gemahlene Haselnüsse
150 g frisch geknackte und fein
gehackte Walnüsse
200 g klein geschnittene Zuckerfeigen
100 g Zitronat
100 g Orangeat
1 P. Lebkuchengewürz
1 P. Hirschhornsalz
Oblaten
Glasur nach Belieben

Honig, Zucker, Butter und Kakao mischen und leicht erwärmen, bis die Butter zerlaufen ist. Jetzt alle anderen Zutaten zugeben und schnell zu einem mittelfesten Teig verarbeiten. Teig auf Oblaten streichen.
Die Lebkuchen bei Mittelhitze ca. 20 Minuten backen und nach Belieben glasieren.

Elli Wenzl
Hausmanning 3, 8399 Ruhstorf

Früchtelebkuchen

100 g Honig
150 g Butter oder Margarine
100 g Feigen
100 g Datteln
1 TL Hirschhornsalz
1 TL Pottasche
2 EL Wasser
3 Eier
150 g Zucker
200 g Mehl
200 g Haferflocken
2 $\frac{1}{2}$ TL Pfefferkuchengewürz
abgeriebene Zitronenschale
100 g Rosinen
50 g Zitronat
50 g Orangeat
50 g gehackte Mandeln
50 g gehackte Haselnüsse
Glasur nach Belieben

Honig und Fett erwärmen und wieder abkühlen lassen. Feigen und Datteln klein schneiden. Hirschhornsalz und Pottasche zusammen in Wasser auflösen. Eier schaumig schlagen, Zucker einstreuen, Honig-Fett-Masse zufügen.
Mehl, Haferflocken und Gewürze vermengen und zum Teig geben. Die übrigen Zutaten zufügen und gut unterrühren.
Teig auf ein gefettetes Backblech streichen und im vorgeheizten Backofen bei 170 Grad ca. 25 Minuten backen. Nach Belieben mit Guß überziehen.

Franziska Stunner
Isenbreite 23, 8261 Winhöring

Gefüllte Lebkuchen

200 g Honig
75 g Butter
120 g Zucker
400 g Mehl
1 Ei
1 Prise Salz
1 EL Rum
1 gehäufter TL Backpulver
$\frac{1}{2}$ TL Nelkenpulver
2 TL Zimt
1 MSP Kadamom
abgeriebene Schale einer Zitrone

Füllung:
100 g Honig
100 g zerlassene Blockschokolade
250 g gemahlene Haselnüsse
200 g Rosinen
2 EL Rum

Schoko- oder Zuckerguß nach Belieben

Belegkirschen oder Zitronat zum Garnieren

Honig und Butter erwärmen, verrühren, nach und nach alle anderen Zutaten zugeben und zu einem geschmeidigen Teig verkneten.
Für die Füllung den Honig erwärmen, in einer Schüssel mit den anderen Zutaten vermischen. Teig etwa 3 mm dick ausrollen, mit der halben Teigplatte das gefettete oder mit Backpapier ausgelegte Blech belegen. Füllung aufstreichen und mit der zweiten Teigplatte bedecken. Bei ca. 180 Grad im Backrohr etwa 30 Minuten backen. In Rechtecke (3 × 6 cm) schneiden und nach Belieben glasieren. Evtl. mit Belegkirschen oder Zitronat garnieren.

Martha Greil
Großbärnbacher Straße 1, 8379 Bischofsmais

Gerührte Lebkuchen

140 g Butterschmalz
300 g Zucker
4 Eier
200 g Zitronat
etwa $1/2$ l Milch
2 Backpulver
1 P. Lebkuchengewürz
2 TL Kakao
200 g Sultaninen
200 g gemahlene Haselnüsse
500 g Vollkornmehl
Oblaten

nach Belieben Schokoglasur

Schmalz zerlassen und mit Zucker und Eiern zu einer Schaummasse verrühren. Zitronat – und nach Belieben Sultaninen – durch den Fleischwolf drehen und mit den Nüssen und den übrigen Zutaten zur Schaummasse geben. Zuletzt Mehl und Backpulver untermengen.
Masse auf Oblaten streichen und bei 180 Grad ca. 20 Minuten backen. Erkaltete Lebkuchen nach Belieben mit Schokoglasur überziehen.

Anna Ettenhofer
Obere Dorfstraße 36, 8351 Ottmaring

Lebkuchen nach Omas Art

4 Eiweiß
250 g Zucker
375 g Haselnüsse
Oblaten
Puderzucker für Glasur nach Belieben

Eiweiß steif schlagen, Zucker unterrühren und ca. 15 Minuten weiterschlagen. Nach Belieben für die Glasur 2–3 EL Eischnee zurück-
behalten. Haselnüsse vorsichtig unter den Eischnee heben, kleine
Häufchen auf Oblaten setzen.
Bei Mittelhitze ca. 10 Minuten backen. Gleich nach dem Backen
glasieren. Für die Glasur Puderzucker mit dem zurückbehaltenen
Eischnee verrühren.

Regina Huber
Dellendorf 5, 8387 Raßbach

Himbeerlebkuchen

7 Eiweiß
1 Prise Salz
500 g Zucker
150 g frische oder tiefgefrorene Himbeeren
350–400 g gemahlene Mandeln
100 g gehackte Mandeln
40 g Stärkemehl
1 EL Himbeergeist
1 TL Zimt
1 MSP Nelken
1 Prise Muskatnuß
Oblaten

Glasur:
200 g Puderzucker
2 EL Himbeersaft
etwas Zitronensaft
1 TL flüssiges Kokosfett

Eiweiß mit Salz steif schlagen, 250 g Zucker nach und nach einrieseln lassen. Restlichen Zucker unter Rühren zugeben, bis der Zucker völlig gelöst ist. Die Masse muß dicklich und locker sein. Die pürierten Himbeeren mit Mandeln, dem Stärkemehl und den Geschmackszutaten vermengen. Eischnee unter diese Masse ziehen. Auf Oblaten streichen, kurz stehenlassen und bei 140 Grad ca. 30 Minuten backen.
Noch heiß glasieren. Für die Glasur Puderzucker mit Himbeersaft, Zitronensaft und flüssigem Kokosfett verrühren.

Frieda Plattner
Hopperfeldring 8, Galgweis, 8353 Osterhofen

Lebkuchen „sehr fein"

140 g Butter
300 g Zucker
300 g gemahlene Haselnüsse
4 Eier
2 TL Zimt
2 TL Kakao
1 MSP Nelken
100 g Zitronat
130 g Orangeat
200 g Rosinen
2 P. Backpulver
500 g Mehl
$^{1}/_{4}$ l Milch
helle oder dunkle Kuvertüre
nach Belieben

Butter schmelzen und abkühlen lassen, dann mit Zucker, Eiern, Zimt und Nelken schaumig rühren. Zitronat, Orangeat und Rosinen durch den Fleischwolf drehen und zu dieser Masse geben. Das mit Backpulver vermischte, gesiebte Mehl, Kakao, Nüsse und Milch zugeben und zu einem glatten Teig verrühren. Über Nacht ruhen lassen.
Am nächsten Tag Teighäufchen auf Oblaten setzen und mit dem Messerrücken glattformen. Bei ca. 175 Grad etwa 20 Minuten backen. Die Lebkuchen dürfen nur ganz leicht bräunen. Nach Belieben vor dem Abkühlen mit heller oder dunkler Kuvertüre glasieren.

Karolina Kufner
Hengersberger Straße 96, 8360 Deggendorf

Lebzeltenbusserl

2 Eier
250 g Rohzucker
50 g Honig
Zimt
Muskatnuß

Lebkuchengewürz
geriebene Zitronenschale
3 MSP Natron
Mehl nach Bedarf
halbe Mandeln zum Verzieren

Eier mit Rohzucker, Honig und Gewürzen schaumig rühren. Dann so viel Mehl dazugeben, daß sich die Masse von der Schüssel löst. Teig anschließend auf einem Brett mit so viel Mehl verarbeiten, daß er nicht mehr klebt. Zum Schluß Natron einarbeiten.
Aus dem Teig kleine Kugeln formen, je eine halbe Mandel daraufdrücken und im vorgeheizten Rohr bei Mittelhitze ca. 15 Minuten backen.

Erna Brandmaier
Linzer Straße, A-4800 Attnang-Puchheim/Oberösterreich

Luisenlebkuchen

200 g ungeschälte, gemahlene Mandeln
50 g feingehacktes Orangeat
2 Eier
200 g Zucker
3 TL Zimt
$^{1}/_{2}$ TL Kardamom
1 MSP Gewürznelken
$^{1}/_{2}$ TL abgeriebene Zitronenschale
1 Prise Salz
100 g Mehl
$^{1}/_{2}$ TL Backpulver
ca. 30 Backoblaten (4 cm)

Guß:

75 g Puderzucker
1 EL Zitronensaft
1 EL gehackte Pistazien

Eier mit Zucker schaumig schlagen, Gewürze, Zitronenschale und Salz untermischen. Mandeln mit einem Rührlöffel unter die Schaummasse mengen. Das Mehl mit dem Backpulver darübersieben und locker untermischen.
Teighäufchen auf Oblaten setzen und mit einem feuchten Messer bergartig formen. Etwa eine Stunde ruhen lassen, dann im vorgeheizten Backofen bei ca. 175 Grad auf der mittleren Schiene etwa 20 Minuten backen.
Gesiebten Puderzucker mit Zitronensaft verrühren und Lebkuchen mit der Zitronenglasur bestreichen. Mit Pistazien bestreuen.

Anita Schamm
Hintertiessen 68, 8395 Hauzenberg

44

Omas Kartoffellebkuchen

6 Eier
500 g Zucker
250 g geriebene Haselnüsse
250 g geriebene Mandeln
2 EL Zimt
1 TL Nelken
300 g Mehl
1 ½ P. Backpulver
Schokoguß nach Belieben
250 g gekochte, geriebene Kartoffeln (vom Vortag)

Eier mit Zucker schaumig rühren. Gewürze, Nüsse, Mandeln, Kartoffeln und Mehl mit Backpulver eßlöffelweise zugeben. Teig auf Oblaten streichen und ca. 20 Minuten bei Mittelhitze backen. Nach Belieben mit Schokoguß überziehen.

Johanna Reitbauer
Abtschlag 18 a, 8371 Kirchdorf

Omas Pfeffernüßchen

5 Eier
500 g Zucker
15 g Zimt
8 g Nelken
60 g kleingeschnittenes Zitronat
Abrieb einer unbehandelten Zitrone
etwas Pottasche
1 MSP weißen Pfeffer
500 g Mehl

Eier mit Zucker schaumig rühren. Gewürze, Pottasche und Mehl unterrühren. Teig etwa fingerdick ausrollen und kleine runde Plätzchen in der Größe eines Zehnpfennigstückes ausstechen. Auf ein mit Mehl bestäubtes Blech setzen und 24 Stunden stehenlassen. Vor dem Backen muß jede Pfeffernuß gewendet werden, damit sie hoch aufläuft. Bei 150 Grad etwa 20 Minuten backen.

Elisabeth Noll
Bahnhofstraße 8, 8399 Ruhstorf

Pflaumenlebkuchen

300 g Weizenmehl	1 P. Lebkuchengewürz
200 g Vollkornmehl	100 g Honig
4 Eier	Trockenpflaumen zum Belegen
350 g Rohzucker	Rum
1 gestr. EL Natron	Schokoladenglasur
40 g Haselnüsse	Zwetschgenmarmelade

Mehl auf der Arbeitsfläche mit Zucker, Haselnüssen und Lebkuchengewürz vermischen. Natron, Honig und Eier einarbeiten. Den gut verkneteten Teig über Nacht kühl rasten lassen. Trockenpflaumen über Nacht in Rum tränken. Teig nicht zu dünn auswellen, runde Lebkuchen ausstechen und bei ca. 160 Grad etwa 10–15 Minuten backen. Ausgekühlte Lebkuchen mit Zwetschgenmarmelade bestreichen. Eine in Rum getränkte Pflaume daraufsetzen und mit Schokoladenglasur überziehen.

Helene Fröml
J.-W.-Klein-Straße 68, A-4040 Linz/Österreich

Roggenlebkuchen

500 g Roggenmehl
500 g Rohzucker
2 MSP Zimt
2 MSP Nelkenpulver
2 gestrichene TL Natron
100 g Honig
4 Eier
etwas verquirltes Ei zum Bestreichen

Die angegebenen Zutaten rasch zu einem glatten Teig verarbeiten, dann etwa eine Stunde rasten lassen. Teig ausrollen, beliebige Lebkuchenformen ausstechen, mit Ei bestreichen. Lebkuchen auf ein mit Backpapier belegtes Blech legen und bei 175 Grad etwa 20 Minuten backen.

Klara Eicher
Haigermoos 9, A-5120 St. Pantaleon/Österreich

Roggen-Früchtelebkuchen

300 g Roggenmehl
300 g Weizenmehl
250 g Honig
70 g Zucker
1 EL Natron
Schale einer unbehandelten Zitrone
100 g Butter
2 Eier
etwas Zimt, Nelkenpulver, Muskatnuß oder
1 P. Lebkuchengewürz
Zucker- oder Schokoglasur

Fülle:

100 g Feigen
100 g Datteln
100 g Dörrzwetschgen
100 g Rosinen
100 g Orangeat
100 g gehackte Walnüsse
Saft von 2 Orangen
4 cl Rum
2–3 EL Himbeermarmelade

Honig mit Zucker erwärmen, die Mehlsorten mit dem Natron sieben und mit den übrigen Zutaten vermengen. Alles zur Honigmasse rühren und gut durchkneten. Teig etwa 6 Stunden ruhen lassen.
Für die Fülle die zerkleinerten Früchte und Nüsse gut mischen, mit Orangensaft und Rum befeuchten und mit Himbeermarmelade binden. Die Hälfte des Teiges ausrollen und auf ein mit Backtrennpapier ausgelegtes Blech legen. Mit der Fülle bestreichen. Den restlichen Teig ebenfalls aufrollen und auf die bestrichene Teigplatte legen.
Bei 180 Grad ca. 30 Minuten hellbraun backen, auskühlen lassen und nach Belieben mit einer Zucker- oder Schokoladenglasur überziehen. In beliebig große Stücke schneiden.

Margit Krammer
Leharstraße 25 A, A-4050 Traun/Österreich

Schokoladenlebkuchen

4 Eiweiß (130–150 g)
einige Tropfen Zitronensaft
300 g feiner Grieszucker
250 g geschälte, geriebene Mandeln
100 g geriebene Schokolade
50 g Zitronat
50 g Orangeat
30–50 g Mehl
$\frac{1}{2}$ TL Backpulver
Oblaten
Schokoladenglasur
bunter Streuzucker nach Belieben

Eiweiß zu sehr steifem Schnee schlagen, Zitronensaft und Zucker unter kräftigem Schlagen nach und nach zugeben. Weiterschlagen, bis sich der Zucker völlig aufgelöst hat. Geschälte, geriebene Mandeln, Schokolade und das fein gewiegte Zitronat und Orangeat sowie das mit Backpulver gemischte, gesiebte Mehl locker unterheben. Masse etwa $\frac{3}{4}$ –1 cm dick auf runde Oblaten streichen und einige Stunden kalt stellen. Bei mäßiger Hitze (ca. 150–160 Grad) backen. Erkalten lassen und mit Schokoladenglasur überziehen, nach Belieben mit buntem Streuzucker verzieren.

Elisabeth Habermann
Hauptstraße 5, 8399 Tettenweis

Rechteckige Lebkuchen

1250 g Mehl
2 P. Lebkuchengewürz „Neunerlei"
$^1/_4$ l Milch, lauwarm
30 g Hirschhornsalz
500 g flüssiger Honig
250 g Zucker
125 g Butter
2 Eier
Puderzucker und Rum
für den Guß

Hirschhornsalz in der lauwarmen Milch auflösen, Butter schmelzen und abkühlen lassen. Alle Zutaten miteinander zu einem Teig verkneten und eine halbe Stunde ruhen lassen. Den Teig portionsweise auf einer bemehlten Arbeitsfläche ca. $^1/_2$ cm dick auswellen. Mit einem Teigrädchen rechteckige Lebkuchen etwa 5 × 10 cm groß ausrädeln. Auf einem gefetteten Backblech bei etwa 180 Grad ca. 10 Minuten backen. Noch warm mit Rumzuckerguß bestreichen.

Maria Albrecht
Birkenweg 12, 8397 Bad Füssing

Schoko-Honiglebkuchen

200 g flüssiger Honig
200 g Zucker
80 g Kakao
100 g zerkleinerte Haselnüsse (nicht gerieben!)
8 g Zimt
1 TL Hirschhornsalz
5 EL Wasser
375 g Mehl
nach Belieben Puderzucker-Rum-Glasur

Alle Zutaten auf dem Nudelbrett mischen, das in 2 EL Wasser aufgelöste Hirschhornsalz zugeben, den Teig gut kneten (er klebt gern). Auf einem gut bemehlten Nudelbrett Teig ziemlich dick auswellen, beliebige Formen ausstechen und im vorgeheizten Herd bei ca. 200 Grad 10–15 Minuten backen. Sofort nach dem Backen glasieren.

Marie Penzkofer
Marktstallerstraße 7, 8371 Kollnburg

Zitronenlebkuchen

125 g Honig
125 g Zucker
50 g Butter
250 g gesiebtes Mehl
3 gestr. TL Backpulver
200 g gemahlene Mandeln
50 g Zitronat
Abrieb von 2 unbehandelten Zitronen
1 P. Lebkuchengewürz
Zuckersirup oder Glasur zum Bestreichen

Honig mit Zucker und Butter erhitzen und etwas abkühlen lassen. Mehl, Backpulver, Mandeln und Zitronat untermengen. Mit Zitronenabrieb und Gewürz zu einem glatten Teig verarbeiten. Teig ca. 1 cm dick auf ein gefettetes oder mit Backpapier ausgelegtes Blech streichen und bei Mittelhitze etwa 20 Minuten backen. Noch warm in Rechtecke schneiden und mit Zuckersirup oder Zitronenglasur bepinseln.

Maria Kühmeier
8358 Vilshofen-Wolfachweg 12

Makronen

Anisbusserl

4 Eier
250 g feinen Zucker
3 P. Vanillinzucker
etwas Salz
300 g Mehl
1 EL gemahlenen Anis

Eier mit Zucker, Vanillinzucker und Salz schaumig rühren. Mehl und gemahlenen Anis unterheben. Masse in den Spritzbeutel mit großer Lochtülle füllen und kleine Häufchen auf ein mit Backpapier belegtes Blech spritzen oder mit zwei Teelöffeln Häufchen daraufsetzen. Genügend Abstand lassen, die Busserl laufen auseinander. Über Nacht trocknen lassen, am nächsten Tag bei ca. 150 Grad 10 Minuten hell backen.

Christa Scheßl
Nemering 109, 8351 Schaufling

Apfelmakronen

abgeriebene Schale einer unbehandelten Orange
abgeriebene Schale einer unbehandelten Zitrone
3 Eiweiß
130 g geriebener Apfel
150 g geriebene Haselnüsse
1 MSP gemahlenen Ingwer
1 MSP Fruchtzucker
Oblaten, Durchmesser ca. 4 cm

Eiweiß steif schlagen. Geriebenen Apfel, Zitronen- und Orangenschale, Nüsse und Ingwer unterheben. Fruchtzucker zufügen. Mit zwei feuchten Teelöffeln Häufchen auf die Oblaten setzen. Im Backofen bei ca. 175 Grad etwa 15 Minuten backen.

Erika Hellinger
Kleinweichser Straße 13, 8350 Plattling

54

Elisenplätzchen

3 Eier
200 g brauner Zucker
1 P. Vanillinzucker
125 g gemahlene Mandeln
125 g gemahlene Haselnüsse
1 EL Rum
75 g gehacktes Zitronat
75 g gehacktes Orangeat
etwas abgeriebene Zitronenschale
50 g Speisestärke
Oblaten
Kuvertüre

Eier mit Zucker und Vanillinzucker schaumig rühren, nach und nach die gemahlenen Mandeln, Nüsse, Rum, Orangeat und Zitronat sowie abgeriebene Zitronenschale und Speisestärke unterziehen. Makronenmasse auf Oblaten setzen und bei 150 Grad ca. 20 Minuten backen. Anschließend mit Kuvertüre überziehen.

Sigrid Pilzweger
Wangham 1, 8399 Rotthalmünster 3

Aprikosenbusserl

3 Eiweiß
100 g Zucker
2 P. Vanillinzucker
150 g getrocknete Aprikosen
125 g gehackte Haselnüsse

Eiweiß steif schlagen, Zucker und Vanillinzucker unterschlagen. Gewürfelte Aprikosen und gehackte Nüsse unterheben. Kleine Häufchen auf ein mit Backpapier belegtes Blech setzen und bei 160 Grad ca. 20 Minuten backen.

Adele Billinger
Simbacher Straße 12, 8399 Ering

Dattel-Kokos-Makronen

200 g Zucker
3 Eiweiß
200 g Kokosflocken
150 g klein geschnittene Datteln
einige Tropfen Rumaroma
1 P. Vanillinzucker
runde Oblaten

Eiweiß steif schlagen, Zucker einrieseln lassen, weiterrühren, bis sich der Zucker gelöst hat. Die übrigen Zutaten untermengen und kleine Häufchen auf Oblaten setzen. Bei ca. 150 Grad etwa 15 Minuten backen.

Magdalena Bichler
Moosackerweg 11, 8262 Altötting

Gefüllte Mandelmakronen

3 Eiweiß
1 TL Zitronensaft
170 g Puderzucker
175 g gemahlene Mandeln
200 g Marzipanrohmasse
3 EL Mandellikör
100 g Haselnußglasur

Eiweiß steif schlagen, Puderzucker einrieseln lassen und Zitronensaft unterrühren. Mandeln vorsichtig unterziehen. Masse in einen Spritzbeutel mit großer Tülle füllen und haselnußgroße Tupfen auf ein mit Backpapier belegtes Blech spritzen. Bei Mittelhitze ca. 15 Minuten backen. Marzipan mit Mandellikör verkneten, jeweils zwei Makronen mit dieser Masse zusammensetzen. Nach Belieben mit Haselnußglasur verzieren und trocknen lassen.

Hannelore Karfinger
Niederpöring 24 1/2, 8351 Oberpöring

Dattelplätzchen

210 g Datteln
210 g Puderzucker
210 g Nüsse
4 Eiweiß

Datteln klein schneiden, Nüsse frisch mahlen. Eiweiß mit Puderzucker in eine Schüssel geben und mit dem Handrührgerät über
Wasserdampf rühren, bis die Masse glänzend ist. Nüsse und Datteln zugeben. Die Masse mit Teelöffeln auf kleine Oblaten setzen.
Bei 150 Grad ca. 20 Minuten backen.

Isolde Meier
Tremmelstraße 43, 8440 Straubing

Gewürzmakronen

4 Eiweiß
300 g Zucker
200 g geriebene Nüsse
30 g geriebenes Zitronat
30 g geriebenes Orangeat
1 MSP Zimt
1 MSP Nelken
1 MSP Kardamom
kleine, runde Oblaten
abgezogene Mandeln zum Verzieren

Eiweiß mit Zucker auf Dampf rühren, bis die Masse lauwarm ist,
dann unter Rühren erkalten lassen. Nüsse und Geschmackszutaten unterrühren. Kleine Häufchen auf Oblaten setzen und mit abgezogenen Mandeln verzieren. Bei 150 Grad ca. 20 Minuten hell
backen.

Heroldine Weiß
Scheureck 29, 8399 Fürstenzell

Eigelbmakronen

4 Eigelb
125 g Puderzucker
1 Prise Salz
2 EL Rum
200 g gemahlene Haselnüsse
kleine, runde Oblaten

Eigelb mit Puderzucker und Salz schaumig rühren. Rum zufügen, Nüsse unterrühren. Mit zwei Teelöffeln kleine Häufchen auf Oblaten setzen. Im vorgeheizten Backofen bei 150 Grad auf der zweiten Schiene von unten ca. 20 Minuten backen.

Rosemarie Schachinger
Schloßbergstraße 30, 8341 Julbach

Haselnußbusserl Anno 1908

200 g geriebene Haselnüsse
200 g Zucker
1 P. Vanillinzucker
3 Eiweiß von kleinen Eiern
1–2 TL Mehl
Haselnüsse zum Verzieren

Eiweiß sehr steif schlagen, dann mit Zucker weiterrühren und alle übrigen Zutaten beimischen. Masse etwas stehenlassen. Backblech mit Wachs bestreichen oder mit Backpapier belegen, kleine Häufchen daraufsetzen, eine Haselnuß in die Mitte drücken. Bei 140 Grad lichtbraun backen, etwas abkühlen lassen und dann vom Blech nehmen.

Oliver Strauss
Am Südblick 5, A-4702 Wallern/Österreich

Ingwerbusserl

4 Eigelb
200 g Zucker
2 P. Vanillinzucker
1 Prise Salz
1 gehäufter TL Ingwerpulver
75 g fein gehackter, kandierter Ingwer
30 g fein gewürfeltes Zitronat
150 g geriebene Haselnüsse
etwas Bittermandelöl
etwas Zitronensaft
1 gehäufter EL Speisestärke
1 leicht gehäufter TL Backpulver
Backoblaten 40 mm Durchmesser
kandierte Ingwerstückchen

Eigelb mit Zucker, Vanillinzucker, Salz und Ingwerpulver schaumig rühren. Kandierten Ingwer, Zitronat und Haselnüsse mit Bittermandelöl und Zitronensaft zufügen. Speisestärke und Backpulver mischen, darübergeben und locker einarbeiten. Den zarten Teig auf runde Backoblaten streichen und mit Ingwerstückchen verzieren. Im vorgeheizten Backofen bei 180 Grad auf der mittleren Schiene etwa 20 Minuten backen.

Samantha Kaller
Kleingsenget 111, 8391 Neureichenau

Nougatmakronen

3 Eiweiß
1 Prise Salz
210 g Puderzucker
140 g geröstete, gemahlene Haselnüsse
70 g gemahlene Mandeln
3 EL löslicher Kaffee
1 Prise Zimt
200 g Nougatmasse zum Füllen

Eiweiß mit Salz zu Eischnee schlagen, Puderzucker einrieseln lassen und weiterschlagen. Haselnüsse, Mandeln, Zimt und Kaffeepulver unterheben. Masse in einen Spritzbeutel füllen und kleine Tupfen auf ein mit Backpapier ausgelegtes Blech spritzen. Bei mittlerer Hitze ca. 10–15 Minuten backen. Nach dem Abkühlen jeweils zwei Makronen mit geschmolzener Nougatmasse zusammensetzen.

Lisa Jetzinger
Albert-Schweitzer-Straße 60, 8398 Pocking

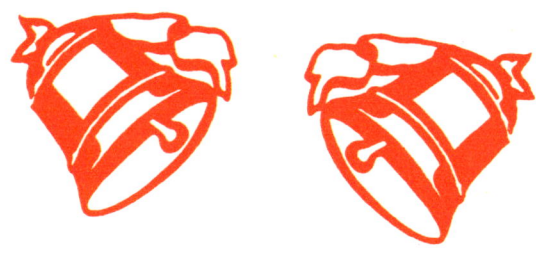

Knusperle

3 Eier
150 g Zucker
1–2 TL Zimt
1–2 TL Nelken
150 g Mehl
1 TL Backpulver
100 g gehackte Mandeln
100 g gehackte Nüsse
100 g gehackte Rosinen
100 g gehacktes Zitronat und Orangeat
100 g Schokolade
Guß aus Puderzucker und Arrak oder Zitronensaft
Schokostreusel zum Bestreuen

Aus Eiern und Zucker Schaummasse rühren, alle übrigen Zutaten unterheben und kleine Häufchen auf Oblaten setzen. Bei 150 Grad ca. 20 Minuten backen. Danach mit Puderzuckerglasur, der etwas Arrak oder Zitronensaft beigemengt wird, bestreichen und mit Schokostreuseln verzieren.

Agnes Kiermaier
Hauptstraße 3, 8351 Buchhofen

Nuß-Mandel-Makronen

250 g gemahlene Mandeln
250 g gemahlene Nüsse
200 g Zucker
1 P. Vanillinzucker
4 Eier
$^{1}/_{2}$–1 TL Lebkuchengewürz
100 g sehr fein gehacktes Zitronat

Die ganzen Eier mit Zucker und Vanillinzucker schaumig rühren. Gewürz, Mandeln, Nüsse und Zitronat zugeben. Kleine Häufchen auf ein mit Backpapier ausgelegtes Backblech setzen und bei 175 Grad ca. 15 Minuten backen.

Therese Breu
Lindach 39 $^{1}/_{2}$, 8263 Burghausen

Walnußkrapferl

4 Eiweiß
1 Prise Salz
250 g Zucker
200 g fein geriebene Walnüsse
50 g grob gehackte Walnüsse
50 g fein gehacktes Orangeat
runde Oblaten
Johannisbeergelee zum Bestreichen
Kuvertüre
Walnußhälften zum Belegen

Eiweiß mit Salz zu Schnee schlagen, Zucker einrieseln lassen und weiterschlagen, bis die Masse steif ist. Walnüsse und Orangeat unterheben. Aus der Masse kleine Kugeln formen, auf Oblaten setzen und etwas flach drücken. Bei 130 Grad ca. 10 Minuten hell backen. Die ausgekühlten Krapferl mit Johannisbeergelee bestreichen und mit geschmolzener Kuvertüre überziehen. Auf jedes Krapferl 1/2 Walnuß legen.
Tip der Einsenderin: Walnußkrapferl in Gläsern aufbewahren.

Rosmarie Simmel
8383 Silbersberg 3, Post Eichendorf

Überzogene Himbeerplätzchen

105 g Zucker
1 Eiweiß
1 gehäufter EL Mehl
kleine Oblaten
etwas Himbeermarmelade zum Bestreichen

Eiweiß steif schlagen, Zucker einrieseln lassen und weiterrühren. Mehl unterziehen. Auf Oblaten etwas Himbeermarmelade streichen und mit Eiweiß-Zuckermasse überziehen. Bei ca. 150 Grad etwa 10 Minuten hell backen.

Brigitte Anzeneder
Nopplinger Straße 45, 8342 Tann

Witwenküßchen

4 Eiweiß
140 g Zucker
1 P. Vanillinzucker
140 g gehackte Nüsse
70 g gehacktes Orangeat oder andere gehackte, kandierte Früchte

Eiweiß über Dampf zu Schnee schlagen, dann Zucker und Vanillinzucker unterrühren und weiterschlagen, bis eine sehr dicke Schaummasse entsteht. Nüsse, Orangeat oder andere Früchte untermengen und Häufchen auf ein gefettetes oder mit Backpapier belegtes Blech setzen. Bei 120 Grad mehr trocknen als backen.

Hans Rockenschaub
Kreuzstraße 11, A-4040 Linz/Österreich

Schokoladebusserl

70 g Butter
140 g Zucker
70 g gehackte Nüsse
ca. 50 g zerlassene Schokolade

Butter schmelzen und abkühlen lassen. Mit Zucker schaumig rühren, Nüsse und zerlassene Schokolade untermengen. Kugerl formen, zwei Stunden kühl stellen und auf ein mit Backpapier belegtes Blech setzen. Bei sehr schwacher Hitze (ca. 130 Grad) 12–15 Minuten backen.

Gertrude Kreutzer
Grazer Straße 78 a, A-4820 Bad Ischl/Österreich

Kokosmakronen mit Quark

4 Eiweiß
150 g Zucker
1 P. Vanillinzucker
65 g Speisequark
4 Tropfen Bittermandelöl
ca. 200 g Kokosraspeln
100 g dunkle Kuchenglasur

Eiweiß steif schlagen und nach und nach Zucker und Vanillinzucker einrieseln lassen. Speisequark und Bittermandelöl vorsichtig unterziehen. Kokosraspeln zuletzt unterheben (falls zu flüssig, weitere Kokosraspeln zufügen). Teighäufchen auf ein mit Backpapier belegtes Blech setzen und bei 200 Grad ca. 10 Minuten backen. Die erkalteten Makronen zur Hälfte mit der dunklen Kuchenglasur überziehen.

Johanna Reitbauer
8371 Abtschlag 18 h

Zimt-Nußhäufchen

2 Eiweiß
185 g Zucker
5 g Zimt
125 g gemahlene Haselnußkerne
Backoblaten Durchmesser 40–50 mm

Eiweiß mit einem Drittel der Zuckermenge zu steifem Schnee schlagen. Restlichen Zucker, Zimt und Haselnüsse leicht untermengen. Von dem Teig kleine Häufchen auf Oblaten setzen und im vorgeheizten Backofen bei 150 Grad ca. 25 Minuten backen.

Jürgen D. Kaller
Kleingsenget Haus 111, 8391 Neureichenau

Plätzerl

Nuß-Marzipan-Taler ➤
Baumkuchenecken ➤

Assessorle

150 g Mehl
150 g Butter
30 g Zucker
1 Eigelb

1 EL Most
Marmelade zum Füllen
Vanillinzucker

Aus Mehl, Butter, Zucker, Eigelb und Most einen Mürbteig bereiten. Eine Stunde kalt stellen, dann ausrollen und sehr kleine Plätzchen ausstechen. Bei Mittelhitze ca. 8 Minuten hell backen. Nach dem Abkühlen Plätzchen mit Marmelade zusammensetzen und in reichlich Vanillinzucker wälzen.
Tip der Einsenderin: Statt Most könnte man auch Wein verwenden.

Elise Werschnik
Kreppe 34, 8359 Ortenburg

Bärentatzen

250 g Butter
250 g Zucker
250 g gemahlene Nüsse
50 g geriebene Schokolade
250 g Mehl
1 gestr. TL Backpulver
1 Ei
1 P. Vanillinzucker
1 Fl. Rumaroma
1 MSP gemahlenen Zimt
1 MSP gemahlene Nelken

Bärentatzenförmchen werden benötigt.
Butter mit Zucker schaumig rühren, dann alle anderen Zutaten untermengen. Teig in die gefetteten, bemehlten Bärentatzenförmchen drücken und bei 170 Grad ca. 10–15 Minuten backen. Nach dem Backen etwas abkühlen lassen, dann aus der Form klopfen. Mit Puderzucker bestäuben.

Martha Greil
Großbärnbacher Straße 1, 8379 Bischofsmais

Baumkuchenecken

120 g gemahlene Walnüsse
300 g Marzipanrohmasse
150 g Puderzucker
10 Eier, getrennt
500 g Butter oder Margarine
500 g Zucker
abgeriebene Schale einer Zitrone
275 g geriebene Mandeln
250 g Mehl
evtl. 5 EL pürierte Orangenmarmelade
400 g weiße Kuvertüre für die Glasur

Walnüsse, Marzipan und Puderzucker verkneten. In 2–3 Portionen teilen und jede zwischen Frischhaltefolie auf Backblechgröße ausrollen. Eiweiß steif schlagen und kalt stellen.

Butter und Zucker in einer größeren Rührschüssel schaumig schlagen, Eigelb und Zitronenschale zufügen. Mandeln, Mehl und zuletzt den Eischnee unterheben.

Fettpfanne (Backblechgröße) fetten, 4 EL Teig mit einem Kuchenpinsel darin verstreichen und unter dem vorgeheizten Grill oder bei 250 Grad im vorgeheizten Backofen goldbraun backen (Grill 3–4 Minuten, Backofen etwas länger). Weitere 4 EL Teig darauf verteilen. Auf diese Weise drei Schichten backen, evtl. zwischendurch mit Marmelade bestreichen. Auf jede dritte Teigschicht eine der ausgerollten Marzipanplatten legen und diese wieder mit 4 EL Teig bedecken. Diesen Vorgang wiederholen, bis der Teig und das Marzipan verbraucht sind.

Baumkuchen erkaltet in Dreiecke teilen und diese mit weißer Kuvertüre überziehen.

Gaby Hofmann
Rennweg 5, 8441 Aiterhofen

Brabanter Törtchen

160 g Butter
160 g Mehl
80 g gemahlene Mandeln
1 MSP Zimt

Füllung:
300 g gemahlene Walnußkerne
300 g Puderzucker
2 Eiweiß
4–5 EL Rum
2 TL warmes Wasser

Guß:
6 EL Kakao
6 EL Puderzucker
1 EL heißes Wasser
1 EL Rum
Kokosfett
geschälte, halbierte Mandeln zum Verzieren

Mehl und Puderzucker auf ein Brett sieben, gemahlene Mandeln und Zimt zugeben, Butter in Flöckchen darauf verteilen. Alle Zutaten schnell zu einem glatten Teig verkneten. Teig ca. 3 mm dick ausrollen und runde Plätzchen ausstechen. Bei 175 Grad auf der mittleren Schiene Plätzchen hellbraun backen. Auskühlen lassen. Für die Füllung alle Zutaten gut vermengen und etwa 1/2 cm dick auf jedes zweite Plätzchen streichen. Plätzchen zusammensetzen, leicht andrücken und den Rand glätten.
Für den Guß Kakao mit dem gesiebten Puderzucker mischen und die Masse mit Rum und heißem Wasser glattrühren. Das geschmolzene Kokosfett unterrühren. Plätzchen oben und seitlich mit Guß bestreichen und mit einer Mandelhälfte verzieren. Tip der Einsenderin: Ca. 1 Woche in einer gut verschlossenen Dose kühl aufbewahren, damit der Rumgeschmack einziehen kann.

(Ohne Angabe der Einsenderin)

Butter-Spritzgebäck

250 g Zucker
1 Ei
375 g Mehl
250 g Butter
125 g Haselnüsse
1 P. Vanillinzucker
Kuvertüre zum Bestreichen

Butter mit Zucker und Ei schaumig rühren, mit Mehl, Haselnüssen und Vanillinzucker zu einem Rührteig verarbeiten. Diesen über Nacht kalt stellen. Am nächsten Tag durch die Küchenmaschine mit Spritzgebäckaufsatz laufen lassen oder mit dem Spritzbeutel verschiedene Formen auf das mit Backpapier belegte Blech spritzen. Sofort im vorgeheizten Rohr bei 180 Grad ca. 10 Minuten backen.

Gertraud Kamhuber
Konventstraße 75, 8262 Altötting

Butterblumen

250 g Schweineschmalz
250 g Butterschmalz
450 g Zucker
2 Eier
etwas Zimt
1 TL Rosenwasser
2 TL Likör
1 kg Mehl
Zimt-Zucker

Leicht erwärmtes Schweineschmalz mit Butterschmalz schaumig rühren, Zucker, Eier, Zimt, Rosenwasser und Likör gut untermengen. Mehl nach und nach einarbeiten. Den glatten Teig ausrollen und beliebige Formen ausstechen. Auf ein mit Backpapier belegtes Blech setzen und bei 175 Grad 10–12 Minuten hell backen. Plätzchen noch heiß in Zimt-Zucker-Mischung wenden.

Maria Hödl
Renfting 2 , 8395 Hauzenberg

71

Champagnerplätzchen

300 g Mehl
125 g Puderzucker
5 TL Vanillinzucker
abgeriebene Schale einer unbehandelten Orange
1 Prise Salz
6 Eigelb
180 g Butter

Champagnermasse:
2 Tafeln weiße Schokolade
75 g Butter
75 g Puderzucker
8 EL Champagner oder Sekt
abgeriebene Schale und Saft einer halben
unbehandelten Zitrone

Aus den angegebenen Zutaten einen glatten Teig kneten, in Klarsichtfolie einschlagen und ca. $^1/_2$ Stunde im Kühlschrank ruhen lassen. Den Teig 2 mm dick ausrollen, gezackte, runde Plätzchen ausstechen und auf ein mit Backpapier belegtes Backblech setzen. Im vorgeheizten Ofen bei 180 Grad ca. 7–10 Minuten backen. Auskühlen lassen.
Für die Fülle 125 g weiße Schokolade im Wasserbad schmelzen, Fett und Puderzucker schaumig schlagen. Lauwarme Schokolade, Champagner (Sekt) und Zitronensaft zufügen und so lange rühren, bis eine feste Masse entstanden ist. Creme mit einem Spritzbeutel auf die Hälfte der Plätzchen verteilen, die restlichen Plätzchen als Deckel daraufsetzen. Kühl stellen, damit die Creme fest wird.
Restliche Schokolade im Wasserbad schmelzen und in einen Frühstücksbeutel füllen. Eine kleine Ecke abschneiden und die Plätzchen mit der Schokolade verzieren.

Maria Unterhuber
Bierstraße 30, 8347 Kirchdorf/Inn

Christkindls Glockenspiel

250 g Mehl
1 MSP Backpulver
75 g Zucker
1 P. Vanillinzucker
2 EL Milch
150 g Butter

helle Füllung:

75 ml Sahne
150 g weiße Kuvertüre
25 g Kokosfett
1 Fl. Buttervanillearoma

dunkle Füllung:

75 ml Sahne
75 g Vollmilchkuvertüre
75 g Halbbitterkuvertüre
25 g Kokosfett
1 Fl. Rumaroma

zum Bestreichen:

1 Eigelb
1 TL Honig

Aus den angegebenen Zutaten einen Mürbteig kneten und kalt stellen. Teig dünn ausrollen, Glockenformen ausstechen und auf ein Backblech legen. Eigelb mit 1 TL Honig verrühren und Glocken damit dünn bestreichen. Bei ca. 175 Grad etwa 8 Minuten backen. Für die Füllung jeweils Sahne aufkochen lassen, fein gehackte Kuvertüre und Kokosfett darin schmelzen lassen, abkühlen und Aroma zufügen.
Ein Viertel der Plätzchen mit heller, ein Viertel mit dunkler Füllung bestreichen, mit den restlichen Plätzchen zusammensetzen. Evtl. einen Teil der Plätzchen mit restlicher Füllung besprenkeln.

Gabriele Meier
Dr.-Franz-Riemer-Straße 1, 8340 Pfarrkirchen

Cognacplätzchen

200 g Mehl
125 g Butter
1 Ei
75 g Zucker
75 g geschälte, geriebene Mandeln
abgeriebene Schale einer unbehandelten Zitrone

Fülle:
100 g Butter
100 g Puderzucker
1 Eigelb
ca. 30 g abgezogene, geriebene Mandeln
Cognac nach Belieben

zum Verzieren:
Puderzucker, Punschglasur, Kuvertüre, abgezogene Mandeln

Aus den angegebenen Zutaten einen gebröselten Mürbteig herstellen, kalt ruhen lassen. Teig messerrückendick auswellen und kleine Plätzchen ausstechen. Bei ca. 175 Grad etwa 8 Minuten hellgelb backen.
Für die Fülle Butter schaumig rühren, Puderzucker, Eigelb, Mandeln und Cognac untermischen. Nach dem Erkalten jeweils zwei Plätzchen mit dieser Füllung zusammensetzen.
Plätzchen nach Belieben mit Puderzucker bestäuben oder mit Punschglasur oder Kuvertüre überziehen. Glasierte Plätzchen mit einer abgezogenen, halbierten Mandel verzieren.

Josefine Blach
Waldschmidtstraße 87, 8390 Passau

Damenküßchen

250 g geschälte, gemahlene Mandeln
250 g Zucker
250 g Mehl
50 g Kakao
250 g Butter
2–3 EL Amaretto (Mandellikör)
75 g dunkle Kuvertüre
Puderzucker zum Bestäuben

Mandeln mit Zucker, Mehl und Kakao in einer Schüssel vermischen. In die Mitte eine Mulde drücken. Butter bei geringer Hitze schmelzen, zusammen mit dem Likör in die Mulde geben. Alle Zutaten zu einem glatten Teig verarbeiten. Zugedeckt etwa 1 Stunde in den Kühlschrank stellen.
Aus dem Teig mit den Händen walnußgroße Kugeln formen. Diese auf ein bemehltes Blech legen, die Kugeln mit einer Spachtel oder einem Messer flachdrücken. Auf der Mittelschiene bei 180 Grad etwa 8–10 Minuten backen. Die Plätzchen vom Blech lösen und abkühlen lassen.
Die Kuvertüre im heißen Wasserbad schmelzen und jeweils zwei Plätzchen damit zusammensetzen. Mit Puderzucker besieben.

Petra Viertl
Haag 5, 8344 Egglham

Die Unwiderstehlichen

50 g Schokolade
140 g Nüsse
140 g Butter
280 g Puderzucker

Butter schaumig rühren, die zerlassene Schokolade, geriebene Nüsse und den Zucker unterrühren. Die Masse eine Stunde kühl stellen. Kleine Kugeln formen, auf ein ungefettetes Blech setzen und bei ca. 120 Grad zart backen.

Elfriede Beham
Mühlenstraße 61, A-5121 Ostermiething/Österreich

Duchessen

50 g Butter
6 Eiweiß
250 g Puderzucker
250 g gemahlene Mandeln
150 g gemahlene Haselnüsse

Füllung:

150 ml Sahne
150 g Schokolade
2 EL Puderzucker

Butter schmelzen und etwas abkühlen lassen. Eiweiß zu steifem Schnee schlagen und nach und nach Puderzucker unterrühren. Nacheinander die noch flüssige Butter, Mandeln und Haselnüsse vorsichtig unterziehen. Teig in Spritzbeutel mit weiter Sterntülle geben und kleine Häufchen auf ein mit Backpapier belegtes Blech spritzen oder mit zwei Teelöffeln kleine Häufchen daraufsetzen. Bei 175 Grad ca. 15 Minuten backen.
Für die Füllung Sahne steif schlagen, Schokolade schmelzen und mit Puderzucker unter die Schlagsahne ziehen. Creme im Kühlschrank fest werden lassen. Je zwei Plätzchen damit zusammensetzen. Kühl aufbewahren.

Christa Kröll
Untere Dorfstraße 10, 8351 Nindorf/Buchhofen

Dukatenplätzchen

250 g Mehl
1 gestr. TL Backpulver
75 g Zucker
1 P. Vanillinzucker
1 Ei
1 EL Milch
125 g Butter

Füllung:

125 g Kokosfett
65 g Puderzucker
1 P. Vanillinzucker
25 g Kakao
1 Ei
Rumaroma
Kuvertüre oder Schokoladenglasur

Aus den angegebenen Zutaten einen Mürbteig herstellen und den Teig am besten über Nacht kalt stellen. Dann auswellen und kleine runde Plätzchen ausstechen. Auf der mittleren Schiene bei 175 Grad ca. 8–10 Minuten backen.
Für die Füllung Kokosfett zerlassen, gesiebten Puderzucker, Vanillinzucker, Kakao und Rumaroma in einer Schüssel vermischen und nach und nach mit dem Ei und dem lauwarmen Kokosfett vermischen. Sobald die Füllung fester wird, zwei Plätzchen damit zusammenkleben. Plätzchen nun zur Hälfte in Schokoglasur tauchen und trocknen lassen.

Marianne Stüwe
Haag 16, 8344 Egglham

Feigenröllchen

125 g Butter
100 g Zucker
1 Ei
200 g Mehl
250 g Feigen
$^3/_4$ Tasse Wasser
1 Prise Salz
3 EL Zitronensaft
1 Eigelb
100 g Puderzucker
2 EL heißes Wasser
Belegkirschen zum Garnieren

Butter mit der Hälfte des Zuckers und dem Ei schaumig rühren. Mehl untermengen und Teig anschließend 20 Minuten kühl stellen. Feigen durch den Fleischwolf drehen, mit Wasser, dem restlichen Zucker, Salz und Zitronensaft einkochen und abkühlen lassen. Teig auf einem bemehlten Backbrett dünn ausrollen. 7 cm breite Streifen schneiden und diese mit Feigenmasse belegen. Röllchen formen, in Stücke schneiden und mit verquirltem Eigelb bestreichen. Bei 180 Grad etwa 15 Minuten backen. Puderzucker mit heißem Wasser verrühren, auf die Röllchen streichen und mit gehackten Belegkirschen garnieren.

Margit Bespflug
Hoechsterstraße 15, 8269 Burgkirchen

Finger-Golatschen

280 g zerlassene Butter
140 g Zucker
etwas Zitronat
1 P. Vanillinzucker
4 Eidotter
400 g Mehl
Marillenmarmelade zum Füllen
ca. 150 g gehackte Nüsse

Butter mit Zucker schaumig rühren, Zitronat, Vanillinzucker und Dotter gut unterrühren. Nach und nach Mehl zugeben und alles gut verkneten. Kugeln formen und mit dem Finger eine Vertiefung eindrücken. Golatschen mit der Oberfläche in gehackten Nüssen wälzen. Bei ca. 175 Grad etwa 12 Minuten backen. Nach dem Backen in die Vertiefung Marillenmarmelade füllen.

Hilde Scheuber
Abteistraße 26, 4813 Altmünster

Damenpaletten

125 g Butter
2 Eigelb
125 g Zucker
1 P. Vanillinzucker
125 g Korinthen, eingeweicht in ein Schnapsglas Rum
125 g Mehl
Backoblaten, 50 mm Durchmesser
200 g Mandelblättchen

Butter mit Eigelb und Zucker schaumig rühren, Korinthen mit Rum zugeben und Mehl darübersieben. Gut verrühren und mit einem Teelöffel kleine Häufchen auf Oblaten setzen. Mit Mandelblättern belegen. Bei 170 Grad im vorgeheizten Backofen auf mittlerer Schiene ca. 10 Minuten backen.

Jutta Gerlach
Mariahilfstraße 9, 8390 Passau

Fidelios

500 g Butter
500 g Mehl
100 g geschälte, geriebene Mandeln
100 g feiner Zucker
1 P. Vanillinzucker

Fülle:
100 g Butter
100 g Zucker
100 g geriebene Blockschokolade
2 Eigelb
oder Kuvertüre

Aus Mehl, Butter, Mandeln, Zucker und Vanillinzucker einen Mürbteig kneten. Mindestens 2 Stunden, am besten über Nacht, in den Kühlschrank stellen. Da der Teig sehr leicht klebt, sehr kleine Stücke ausrollen und das Brett gut mehlen. Kleine, runde Plätzchen ausstechen und auf ein mit Backpapier belegtes Blech setzen. Bei 175 Grad ungefähr 10 Minuten hell backen. Erst nach dem Erkalten vom Blech nehmen. Jeweils ein Plätzchen dick mit Schokofülle bestreichen, ein zweites daraufsetzen. Für die Fülle Butter, Zucker, Blockschokolade und Eigelb in einem Topf vermischen und auf dem Herd so lange rühren, bis die Masse einmal aufkocht. Ist die Masse zu dünn, ein wenig stehenlassen.
Statt mit dieser Fülle kann man die Plätzchen auch mit Kuvertüre zusammensetzen.
Tip der Einsenderin: Die selbstgemachte Fülle ist besser. Vorsicht, sie brennt leicht an.

Gunda Gaertner
Gluckstraße 37, 8263 Burghausen

Frankfurter Marzipan

250 g Butter
500 g Mehl
40 g gemahlene Mandeln
250 g Zucker
10 g Nelken
10 g Zimt
geriebene Schale einer Zitrone
1 ganzes Ei
1 Eidotter
1 Eiweiß zum Bestreichen
halbierte Mandeln zum Verzieren

Butter mit Zucker sehr schaumig rühren, Mehl gut einarbeiten, dann übrige Zutaten beimengen. Teig gut abarbeiten, dann über Nacht in einem Porzellangefäß kalt stellen.
Am nächsten Tag Masse messerrückendick ausrollen, mit bemehlten Formen beliebige Figuren ausstechen. Mit halbierten Mandeln belegen und mit Eiweiß bestreichen. Bei 175 Grad auf mit Backpapier ausgelegtem Blech goldbraun backen.

Irmgard Rosenberg
Waldesruhweg 31, 8372 Zwiesel

Gefüllte Münchner Herzen

200 g Mehl
75 g Speisestärke
40 g gemahlene Mandeln
1 Ei
100 g Zucker
200 g Butter

Füllung:
ca. 200 g Nußnougat

Guß:
200 g Puderzucker
4–5 EL heißes Wasser
2 Beutel Malventee
geschälte, halbierte Mandeln zum Verzieren

Aus den angegebenen Zutaten einen Knetteig kneten, zugedeckt ca. 2 Stunden kalt stellen. Teig dünn ausrollen, kleine Herzen ausstechen und bei 180 Grad ca. 12 Minuten backen. Herzen erkaltet mit geschmeidiger Nougatmasse bestreichen und jeweils zwei zusammensetzen.
Für den Guß Malventee mit kochendem Wasser überbrühen, abgekühlt den roten Tee mit Puderzucker verrühren, Herzen damit bestreichen. Jedes Herz mit einer geschälten, halbierten Mandel verzieren.

Rosi Strobl
Schwarzwöhr, 8351 Aholming

Geldtascherl

650 g Mehl
100 g Zucker
5 Eidotter
500 g Butter

geriebene Schale einer unbehandelten Zitrone
1 P. Vanillinzucker
Himbeermarmelade zum Füllen
Eidotter zum Bestreichen

Mehl, Zucker, Eidotter, Butter mit Zitronenschale und Vanillin-zucker zu einem glatten Teig verarbeiten. Dünn ausrollen und mit einem ovalen Ausstecher Plätzchen ausstechen. Auf eine Hälfte des Plätzchens jeweils etwas Himbeermarmelade geben und die andere Hälfte darüberklappen. Plätzchen auf ein mit Backpapier ausgelegtes Backblech setzen und mit verquirltem Eidotter be-streichen. Aus Teigresten runde Plättchen ausstechen und auf die Tascherl legen. Bei ca. 160 Grad 10–13 Minuten backen.

Melanie Kratky
Dingolfinger Straße 57, 8380 Niederhöcking

Germkeks

350 g Mehl
1 Prise Salz
40 g Germ (Hefe)
$1/8$ l kalte Milch
250 g Kokosfett (Ceres)
Puderzucker-Vanillinzucker-Gemisch

Germ in kalter Milch auflösen, Mehl und Salz auf ein Brett geben, Kokosfett dazureiben und mit dem Germ-Milch-Gemisch zu einem festen Teig kneten. Diesen in ein Nylonsäckchen geben, fest verschließen und mindestens 2 Stunden in kaltem Wasser im Kühl-schrank aufbewahren. Teig dann ausrollen, mit kleinen Formen Kekse ausstechen und auf einem gefetteten Blech bei etwa 200 Grad ca. 12 Minuten hell backen. Noch heiß im Puderzucker-Va-nillinzucker-Gemisch wälzen.

Helga Burger
Voltastraße 7, A-4040 Linz/Österreich

Gewürzstangen

120 g Butter
Mark einer Vanilleschote
120 g Zucker
1 Prise Salz
2 Eier
100 g Speisestärke
150 g Mehl
100 g gemahlene Haselnüsse
$\frac{1}{2}$ gestrichener TL Zimt
$\frac{1}{2}$ gestrichener TL Kardamom
1 MSP gemahlene Nelken
100 g dunkle Kuchenglasur

Weiches Fett in eine Schüssel geben, mit Zucker, Eiern und Geschmackszutaten verrühren. Speisestärke, Mehl, Haselnüsse und Gewürze unterarbeiten.
Teig in einen Spritzbeutel mit glatter Tülle füllen und Stangen von 5–6 cm Länge auf ein mit Backpapier belegtes Blech spritzen. Bei etwa 180 Grad ca. 15 Minuten backen. Die erkalteten Stangen an beiden Enden in die Kuchenglasur tauchen.

Cornelia Perl
Untere Schwemmbichlstraße 2, 8371 Kirchdorf i. W.

Glaskrapferl

4 Eischwer Schmalz
4 Eischwer Mehl
4 Eischwer Wasser
etwas abgeriebene Zitronenschale
1 Prise Salz
Zucker nach Geschmack
Mandelstifte zum Spicken
Zucker zum Bestreuen

Schmalz mit Wasser zum Kochen bringen, Mehl auf einmal zugeben und kräftig abschlagen. In die ausgekühlte Masse 4 Eier, Salz, Zucker und Zitronenschale nach Geschmack einrühren. Teig sehr gut abschlagen. Mit einem Löffel kleine Krapferl auf ein gefettetes Blech setzen. Krapferl mit Mandelsplittern spicken und mit Zucker bestreuen. Bei 175 Grad 10–15 Minuten backen. Krapferl schmecken frisch am besten.

Felix Puksdorf
Hardt 103, A-8062 Kumberg/Österreich

Goethekränzchen

150 g Mehl
1 Ei
75 g Zucker
1 Prise Salz
150 g gemahlene Mandeln
150 g Butter
2 EL Rum zum Bestreichen
Zucker zum Bestreuen

Glasur:
100 g Puderzucker
2 EL Gelee von
schwarzen Johannisbeeren
1 EL Rum

Mehl mit Mandeln mischen, mit Ei, Zucker, Salz und Butter zu einem geschmeidigen Teig verkneten. In Pergamentpapier gewickelt ca. 1 Stunde im Kühlschrank ruhen lassen. Teig auf bemehlter Fläche ca. 2 mm dick ausrollen und Kränzchen ausstechen. Aufs Backblech legen, mit Rum bestreichen und mit etwas Zucker bestreuen. Bei 180 Grad ca. 10 Minuten hell backen.
Für die Glasur Puderzucker mit Gelee und Rum glattrühren. Guß in einen Frühstücksbeutel füllen, eine Ecke der Tüte abschneiden und Kränzchen mit Schlangenlinien oder Tupfen verzieren.

Christa Kröll
Untere Dorfstraße 10, 8351 Nindorf/Buchhofen

Granatsplitter

150 g Mehl
1 TL Backpulver
50 g Zucker
1 P. Vanillinzucker
1 Fl. Rumaroma
50 g Margarine

Belag:
125 g Kokosfett
65 g Puderzucker
1 P. Vanillinzucker
25 g Kakao
1 Fl. Rumaroma
1 Ei
75 g gestiftelte Mandeln

Guß:
50 g Puderzucker
15 g Kakao
1–2 EL heißes Wasser
1 EL zerlassene Butter
oder fertige Kuvertüre

Aus den angegebenen Zutaten einen Knetteig herstellen. Runde
Plätzchen mit einem Durchmesser von ca. 3–4 cm ausstechen und
bei 180 Grad ca. 12 Minuten hellgelb backen.
Für den Belag Kokosfett zerlassen und abkühlen lassen. Puderzucker, Vanillinzucker, Kakao und Rumaroma in eine Schüssel geben und alles nach und nach mit Ei und dem lauwarmen Kokosfett
verrühren. Die Hälfte der Plätzchen in kleine Stücke brechen und
untermengen. Die Masse bergartig auf die Plätzchen streichen und
mit Glasur bepinseln. Dazu entweder fertige Kuvertüre verwenden oder aus Puderzucker, Kakao, heißem Wasser und zerlassener
Butter einen Guß rühren.

Monika Freilinger
Schärdinger Straße 54, 8390 Passau 12

Großmutters Leckerle

125 g Butter
4 Eier
500 g Farinzucker
1 Prise Salz
1/2 TL geriebene Muskatnuß
1/2 TL gemahlene Nelken
1/2 TL gemahlenes Piment
2 TL gemahlener Zimt
600 g Mehl
1 P. Backpulver
5 EL helles Bier
150 g Hagelzucker

Butter mit Eiern, Farinzucker und Salz sehr schaumig schlagen. Muskat, Nelken, Piment und Zimt unterrühren. Mehl mit Backpulver mischen und in die Masse einarbeiten. Teig zugedeckt etwa 30 Minuten in den Kühlschrank stellen. Etwa 1/2 cm dick ausrollen und runde Plätzchen ausstechen. Diese dünn mit Bier bestreichen und mit Hagelzucker bestreuen. Im vorgeheizten Ofen bei 175 Grad etwa 10 Minuten backen.

Josef Raith
Tannberg, Bayerwaldstraße 7, 8391 Thurmansbang

Haferflocken-Kokos-Plätzchen

250 g Weizenmehl
3 gestrichene TL Backpulver
250 g Zucker
2 P. Vanillinzucker
2 Eier
250 g Butter
200 g Haferflocken
200 g Kokosraspeln
200 g Vollmilchkuvertüre
für den Guß

Das mit Backpulver gemischte Mehl auf die Tischplatte sieben, Grube eindrücken. Von der Mitte aus Zucker, Vanillinzucker und Eier mit einem Teil des Mehles zu einem dicken Brei verarbeiten. Darauf die in Stücke geschnittene, kalte Butter sowie die Haferflocken und Kokosraspeln geben. Alle Zutaten schnell zu einem glatten Teig verkneten. Sollte er kleben, Teig ein wenig kalt stellen. Anschließend Teig etwa 2 mm dick ausrollen. Die Plätzchen mit einer runden Form (Durchmesser 4 cm) oder mit beliebigen anderen Formen ausstechen und auf ein mit Backpapier belegtes Blech setzen.
Bei 175 Grad ca. 10 Minuten backen. Kuvertüre schmelzen und die erkalteten Plätzchen zu einem Drittel eintauchen.

Marianne Santner
Weinberg 6, 8341 Dietersburg

Heiligabend-Plätzchen

125 g Zucker
250 g Butter
370 g Mehl
200 g gemahlene Mandeln

Belag:
200 g Marzipanrohmasse
1 Eiweiß
125 g Puderzucker

Füllung:
$^1/_4$ l Sahne
1 Vanilleschote
100 g Kuvertüre
Kakao zum Bestäuben

Mehl auf ein Backbrett sieben, Zucker und gemahlene Mandeln untermischen. Die kalte Butter in Flöckchen dazugeben und alles schnell zu einem Mürbteig verarbeiten. Den Teig in Folie wickeln und mindestens 30 Minuten im Kühlschrank ruhen lassen. Ausrollen und gezackte, runde Plätzchen von ca. 3–4 cm Durchmesser ausstechen. Die Plätzchen auf ein mit Backpapier ausgelegtes Blech geben.
Marzipanrohmasse mit Eiweiß und Puderzucker glattrühren. Die Masse in einen Spritzbeutel mit großer Sterntülle füllen und auf die Hälfte der Plätzchen in die Mitte eine Rosette spritzen. Plätzchen bei 180 Grad ca. 10 Minuten backen. Für die Füllung die Sahne mit der aufgeschnittenen Vanilleschote aufkochen, Schote dann herausnehmen. Die grobgehackte Kuvertüre nach und nach in die kochende Sahne geben. Masse rühren, bis sie dicklich wird. Anschließend abkühlen lassen. Die Plätzchen ohne Marzipanrosette mit der Creme bestreichen und ein Plätzchen mit Marzipanrosette daraufsetzen. Mit etwas gesiebtem Kakao bestäuben.

Christa Schwarzbauer
Ganghoferstraße 11, 8390 Passau-Heining

Herrenzwieback

5 Eier
500 g Mehl
300 g Zucker
³/₄ P. Backpulver
200 g gemahlene Blockschokolade
250 g gemahlene Nüsse
500 g Rosinen
250 g fein gehacktes Zitronat
250 g fein gehacktes Orangeat
geriebene Zitronenschale
Zitronensaft
Puderzucker zum Bestreuen

Eier mit Zucker schaumig rühren und alle übrigen Zutaten untermischen. Teig gut durchkneten. Würste formen (Durchmesser
4 cm) und bei 175 Grad ca. 12 Minuten backen. Heiß mit einem scharfen Messer in Scheiben schneiden und mit Puderzucker bestreuen.

Christine Staudt
Burghauser Straße 21, 8261 Haiming

Himmelstaler

250 g Roggenmehl
¹/₂ TL Rosmarinpulver
150 g geriebene Mandeln
1 Prise Salz
6 hartgekochte, durch ein Sieb gedrückte Eidotter
175 g weiche Butter
100 g flüssiger Honig
abgezogene, halbierte Mandeln zum Verzieren

Die angegebenen Zutaten zu einem geschmeidigen Knetteig verarbeiten. Ca. 1 Stunde kühl stellen. Kugeln formen, zu Talern flachdrücken, mit einer halben abgezogenen Mandel belegen und bei
175 Grad hell backen.

Helene Ameres
Penzling 17, 8351 Aholming

Hirschknöpf

500–700 g Mehl (nach Bedarf)
200 g Zucker
300 g weiche Butter
1 Ei
1 MSP Backpulver
Zimt-Zucker-Gemisch
Marmelade zum Füllen
Puderzucker zum Bestäuben

Butter mit Ei und Zucker schaumig rühren. Mehl und Backpulver unterkneten. Aus dem Teig Rollen von 2–3 cm Durchmesser formen. In Zucker-Zimt-Gemisch wälzen, kalt stellen. Dann 1–2 cm dicke Scheibchen abschneiden. In die Mitte ein Loch drücken und dieses mit Marmelade füllen. Bei 175 Grad ca. 10–12 Minuten backen. Nach dem Backen mit Puderzucker bestreuen.

Ingeborg Weinzierl
Ruckasing 24, 8353 Osterhofen

Innviertler Mostkeks

400 g Mehl
400 g Butter
7 EL Most
Marmelade zum Füllen
Puderzucker zum Wälzen

Aus Mehl, Butter und Most einen Knetteig bereiten und diesen ca. eine halbe Stunde in den Kühlschrank stellen. Teig messerrückendick ausrollen und runde Kekse mit einem Durchmesser von ca. 8 cm ausstechen. Etwas Marmelade in die Mitte setzen und die Kekse so zusammenschlagen, daß Halbkreise entstehen. Den Rand gut andrücken. Kekse bei ca. 180 Grad 12 Minuten backen. Noch heiß auf der Oberseite in Puderzucker wälzen.

Gisela Dobler
Edt 21, A-5273 Rossbach/Österreich

Ischler Krapferl

280 g Butter
280 g Mehl
150 g geriebene Mandeln
70 g Zucker
Ribiselmarmelade (Johannisbeermarmelade) zum Füllen
Schokoladenglasur
halbierte Mandeln zum Verzieren

Aus Mehl, Mandeln, Butter und Zucker rasch einen glatten Teig kneten. Teig dünn ausrollen, runde Plätzchen ausstechen und diese bei Mittelhitze ca. 10 Minuten hell backen. Jeweils zwei Plätzchen mit Marmelade zusammensetzen. Oberfläche mit Schokoglasur überziehen und mit je einer halben Mandel verzieren.

Hermine Weigel
Kranewittweg 73, A-5280 Braunau/Österreich

Ischler Mandelschnitten

200 g weiche Butter
120 g Zucker
180 g geriebene Mandeln
270 g Mehl
1 Eigelb
Schale von einer halben Zitrone
Himbeermarmelade zum Füllen
250 g Kuvertüre oder Schokolade
ca. 45 Mandelhälften
1 Eiweiß
etwas Zucker

Aus Butter, Zucker, Mandeln, Mehl, Eigelb und Zitronenschale einen Mürbteig kneten, dünn ausrollen und in Schnitten (4 × 2 cm) schneiden. Bei 180 Grad etwa 12 Minuten backen. Je zwei Schnitten mit Himbeermarmelade zusammensetzen. Die Oberfläche der Schnitten mit Schokolade oder Kuvertüre bestreichen. Mandelhälften erst in verquirltes Eiweiß, dann in Zucker tauchen und auf die bestrichenen Schnitten legen.

Margit Sonnleitner
Jahnstraße 14, 8392 Waldkirchen

Javaplätzchen

200 g Mehl
1 TL Backpulver
1 Prise Salz
100 g Zucker
50 g brauner Zucker
1 EL löslicher Kaffee
150 g Butter
1 Ei
120 g Kokosflocken
1 Eiweiß
3 EL Puderzucker
100 g Mokkabohnen

Mehl mit Backpulver vermischt auf die Arbeitsfläche sieben. Salz, braunen und weißen Zucker, Kaffee, weiches Fett und Ei untermengen. Kokosflocken unterkneten. Aus dem Teig Kugeln von ca. 2,5 cm Durchmesser formen. Auf ein mit Backtrennpapier belegtes Blech setzen und mit einem Teelöffel leicht flach drücken. In den kalten Ofen schieben und auf 180 Grad ca. 25 Minuten backen (das zweite Blech nur 20 Minuten). Plätzchen auf einem Kuchengitter abkühlen lassen. Eiweiß steif schlagen, Puderzucker unter ständigem Rühren zugeben. Jeweils eine Messerspitze davon auf ein Plätzchen geben und die Mokkabohnen daraufsetzen.

Reinhard Weigel
Kranewittweg 73, A-5280 Braunau/Österreich

Kaffeekrapferl

250 g Mehl
130 g Butter
$^1/_2$ P. Backpulver
2 Eidotter
1 EL Rahm
1 TL Kaffeemehl
80 g Zucker
100 g geriebene Haselnüsse

Fülle:
50 g Butter
100 g Zucker
1 P. Vanillinzucker
1 Eidotter
50 g geriebene Haselnüsse
1 TL fein gemahlenes Kaffeemehl
Mokkaglasur nach Belieben

Mehl mit Backpulver vermischt auf die Arbeitsfläche sieben, mit den übrigen Zutaten zu einem glatten Teig verarbeiten. Auswellen und runde Plätzchen ausstechen. Auf einem gefetteten oder mit Backpapier belegten Blech bei Mittelhitze ca. 10 Minuten backen. Für die Fülle Butter mit Zucker schaumig rühren, Vanillinzucker, Eidotter, Haselnüsse und Kaffeemehl unterrühren. Je zwei Plätzchen damit füllen und nach Belieben mit Mokkaglasur überziehen.

Erna Gründling
Eichendorffstraße 20, 4020 Linz/Österreich

Kammerfensterl

200 g Mehl
1 P. Vanillepudding
1 Ei
75 g weiche Butter
40 g Zucker
$^1/_2$ P. Backpulver
etwas geriebene Zitronenschale
Johannisbeergelee zum Bestreichen

Guß:
Puderzucker
Rum
heißes Wasser

Mehl mit Vanillepudding und Backpulver mischen, auf die Arbeitsfläche sieben. Mit Ei, Butter, Zucker und der geriebenen Zitronenschale rasch zu einem zarten Teig verkneten. Teig ausrollen und runde Kekse ausstechen. Bei der Hälfte der Kekse in die Mitte ein größeres Kreuz einschneiden. Die ganzen Kekse dick mit Johannisbeergelee bestreichen. Darauf einen eingeschnittenen Keks legen und etwas andrücken. Die eingeschnittenen Ecken des Kekses nach außen umschlagen. Kekse bei ca. 180 Grad etwa 12 Minuten backen. Umgeschlagene Ecken mit einer Glasur aus Puderzucker, Rum und heißem Wasser bestreichen.

Anna Hackner
Max-Köhler-Straße 10, 8394 Griesbach

Kirschplätzchen

250 g Mehl
125 g Butter
75 g Zucker
1 Ei
Saft einer halben Zitrone

Makronenmasse:

3 Eiweiß
250 g Zucker
250 g gemahlene Nüsse
Kirschen zum Belegen
Schokoladenglasur

Aus Mehl, Butter, Zucker, Ei und Zitronensaft einen glatten Teig kneten. Dünn auswellen, runde Plätzchen ausstechen und aufs Blech setzen. Für die Makronenmasse Eiweiß steif schlagen, Zucker einrieseln lassen und die gemahlenen Nüsse untermengen. Masse kugelförmig auf die Plätzchen verteilen, in die Mitte der Makronenmasse eine Kirsche drücken. Plätzchen bei 175 Grad ca. 10–15 Minuten backen. Auskühlen lassen, die Kirsche mit Schokoladenglasur überziehen.

Maria Hauzenberger
Isarauer Straße 102, 8351 Aholming

Kissinger Walnußbrötchen

150 g Mehl
150 g geriebene Walnüsse
1 TL Backpulver
150 g Zucker
1 Prise Salz
$^1/_2$ TL Zimt
1 Ei
100 g Butter oder Margarine

Füllung:
$^1/_2$ Glas Aprikosenmarmelade

Verzierung:
150 g Kuvertüre
125 g gehackte Walnüsse
40–50 Walnußhälften

Alle Zutaten schnell zu einem glatten Teig verkneten. 30 Minuten zugedeckt kühl ruhen lassen. Teig ca. 3 mm dick ausrollen, runde Plätzchen (Durchmesser 3 cm) ausstechen. Bei ca. 180 Grad etwa 10 Minuten backen.
Plätzchen abkühlen lassen und je zwei mit Aprikosenmarmelade zusammensetzen. Rand der Plätzchen mit Kuvertüre bestreichen. Plätzchenrand in den gehackten Walnüssen rollen. In die Mitte jedes Plätzchens einen Tupfen Kuvertüre geben und darauf eine Walnußhälfte setzen.

Irmgard Scheiblhuber
Fichtenstraße 4, 8268 Hart/Alz

Klosterkipferl

210 g Mehl
140 g geriebene Haselnüsse
40 g geriebene Schokolade
140 g Butter
100 g Vanillinzucker
2 Eidotter

Glasur:
80 g geschmolzene Schokolade
60 g Zucker
4–5 Löffel Wasser
1 nußgroßes Stück Kokosfett
Pistazien zum Bestreuen

Die angegebenen Zutaten zu einem glatten Teig verkneten. Im Kühlschrank eine halbe Stunde rasten lassen. Kleine Kipferl aus dem Teig formen und bei 175 Grad auf einem mit Backpapier belegten Blech ca. 10 Minuten backen.
Für die Glasur Schokolade im Wasserbad schmelzen. Wasser und Zucker aufkochen lassen und eßlöffelweise untermischen. Unter ständigem Rühren zerlassenes Kokosfett zugeben. Kipferl damit überziehen und mit Pistazien bestreuen.

Ulrike Strauß
Scharitzer Straße 33, A-4020 Linz/Österreich

Leckere Weihnachtsbusserl

200 g Butter
125 g Zucker
2 Eigelb
1 EL Dosenmilch
1 P. Vanillinzucker
250 g Mehl
80 g gehackte Mandeln
50 g Rosinen
25 g feingehacktes Zitronat
etwas abgeriebene Zitronenschale

Butter mit Zucker schaumig rühren, Eigelb, Milch, Zitronenschale und Vanillinzucker zugeben. Anschließend Mehl, Mandeln, Rosinen und Zitronat unterheben. Mit zwei Teelöffeln Häufchen auf ein gefettetes Blech setzen und im vorgeheizten Ofen bei 175 Grad 10–12 Minuten backen.

Elfriede Vogt
Am Kirchfeld 7, 8261 Haiming

Grammelkeks

250 g Grammeln
250 g Weizenvollkornmehl
250 g Zucker
2 Eier
2 cl Rum
1 TL Zimt
$^1/_2$ P. Backpulver
Marmelade zum Bestreichen

Grammeln durch den Fleischwolf drehen, mit Mehl, Zucker, Eiern und den übrigen Zutaten rasch zu einem Mürbteig verkneten. Teig etwa eine Stunde kühl stellen. Ausrollen und runde Kekse ausstechen. Auf einem mit Backpapier belegten Blech bei ca. 180 Grad hell backen. Je zwei Kekse mit Marmelade zusammensetzen.

Einsenderin aus Attersee, Österreich, Name unbekannt

Kokosnestchen

250 g Butter
200 g Zucker
2 Eier
1 P. Vanillinzucker
125 g geriebene Mandeln
oder Haselnüsse
400 g Mehl
$^1/_2$ TL Backpulver

Kokosmasse:
4 Eiweiß
250 g Zucker
250 g Kokosflocken
etwas Bittermandelaroma

rote Marmelade zum Füllen

Aus den Zutaten einen Mürbteig kneten und einige Zeit kalt stellen. Für die Kokosmasse Eiweiß steif schlagen, Zucker langsam einrieseln lassen. Kokosflocken mit etwas Bittermandelaroma unterheben.
Kalten Teig ausrollen, runde Plätzchen ausstechen, Kokosmasse häufchenförmig darauf verteilen. In die Kokosmasse eine kleine Vertiefung eindrücken, etwas rote Marmelade einfüllen. Kokosnestchen bei 180 Grad ca. 15 Minuten backen.

Gertraud Stömmer
Indersbach 36, 8383 Eichendorf

Kokosplätzchen „sehr fein"

200 g Mehl
100 g Speisestärke
2 Eier
100 g Zucker
150 g Margarine oder Butter
100 g Kokosflocken
2 Vanillinzucker
1 EL Rum
$\frac{1}{2}$ P. Backpulver
Johannisbeermarmelade zum Füllen
Puderzucker zum Bestäuben

Mehl, Speisestärke und Backpulver vermischen und auf die Arbeitsfläche sieben. Mit den übrigen Zutaten schnell zu einem glatten Teig verkneten. Diesen etwa 2 Stunden kühl stellen.
Teig nochmals durchkneten, ausrollen und Plätzchen in beliebigen Formen ausstechen. Bei 150 Grad etwa 15 Minuten backen. Je zwei Plätzchen mit Marmelade zusammensetzen. Oberfläche mit Puderzucker bestäuben.

Elisabeth Brandhuber
Nöham, Hauptstraße 18, 8341 Dietersburg

103

Kosakentaler

300 g Weizenmehl
$1/2$ TL Backpulver
100 g Zucker
1 P. Vanillinzucker
3 EL Milch
150 g Butter
150 g Nußnougatmasse für die Füllung
50 g gemahlene Nüsse zum Wenden

Die angegebenen Zutaten schnell zu einem glatten Teig verkneten, dann ca. 1 Stunde kalt stellen. Teig dünn ausrollen und runde Plätzchen (Durchmesser ca. 4 cm) ausstechen. Auf das gefettete Backblech legen und bei ca. 175 Grad ca. 7 Minuten backen.
Für die Füllung Nougatmasse in einem kleinen Topf bei schwacher Hitze zu einer geschmeidigen Masse verrühren. Die Hälfte der erkalteten Plätzchen auf der Unterseite mit der Masse bestreichen, die übrigen darauflegen und gut andrücken. Herausgedrückte Füllung am Rand verstreichen, dann die Plätzchen mit dem Nougatrand durch die Haselnüsse rollen.

Helga Prinz
Kühbach 13, 8391 Ringelai

Linzer Keks

300 g Mehl
200 g Butter
100 g Zucker
1 verquirlter Eidotter zum Bestreichen

Mehl auf ein Backbrett sieben, die kalte Butter in Flöckchen zugeben und Zucker und Dotter untermischen. Teig rasch zu einem Mürbteig verkneten und anschließend im Kühlschrank ruhen lassen. Kalten Teig auf einer bemehlten Fläche dünn ausrollen, Kekse ausstechen und auf ein Backblech legen. Mit verquirltem Eidotter bestreichen und bei Mittelhitze ca. 8 Minuten goldgelb backen.

Eva Pernegger
Otto-Glöckel-Straße 7/7, A-4400 Steyr/Österreich

Leutnantsküsse

250 g Butter
200 g Zucker
400 g Mehl
1 Ei
125 g gemahlene Mandeln
Johannisbeergelee zum Bestreichen
Puderzucker zum Bestäuben

Die weiche Butter mit Zucker und Ei verrühren. Mit Mandeln und dem Mehl zu einem Teig verarbeiten. In einer Plastiktüte einen Tag lang kühl stellen. Den Teig auf einer mit Mehl bestäubten Fläche ausrollen (3 mm dick) und runde Plätzchen ausstechen. Aus der einen Hälfte der Plätzchen in der Mitte kleine Herzen ausstechen. Bei etwa 180 Grad Plätzchen ca. 10 Minuten backen. Die ganzen Plätzchen mit Gelee bestreichen, die mit den ausgestochenen Herzen darauflegen und mit Puderzucker bestäuben.

Anneliese Lippeck
Sonnleiten 12, 8342 Reut

Linzer Nußstangerl

140 g Mehl
140 g Puderzucker
140 g Butter
140 g geriebene Haselnüsse
2 Eidotter

Glasur:
1 Eiklar
150 g Puderzucker

Mehl mit Nüssen mischen, mit Zucker, Butter und Eidottern rasch zu einem glatten Teig verkneten. Teig ausrollen und mit Glasur bestreichen. Für die Glasur Eiklar mit Puderzucker schaumig rühren. Teigplatte in Stangerl schneiden und bei 175 Grad 8–10 Minuten goldgelb backen.

Erna Grabner
Jeggstraße 10, A-4030 Linz/Österreich

Mandel-Vanille-Kipferl

200 g Butter
250 g Mehl
100 g geriebene Mandeln
70 g Puderzucker
1 P. Vanillinzucker

Gemisch aus
100 g Puderzucker
1 P. Vanillinzucker
100 g Mandelblättchen
1 Eiklar zum Bestreichen

Butter mit Mehl abbröseln, mit Mandeln, Puderzucker und Vanillinzucker rasch zu einem geschmeidigen Mürbteig kneten. Im Kühlschrank mindestens eine halbe Stunde ruhen lassen.
Aus dem Teig dünne Rollen formen, in gleich lange Stücke schneiden und Kipferl formen. Mit Eiklar bestreichen und in den Mandelblättchen wälzen.
Kipferl auf ungefettetem Blech bei 175 Grad hell backen und noch heiß in einem Gemisch aus Puderzucker und Vanillinzucker wälzen.

Elfi Gruber
Mühlfeldstraße 54, A-4870 Völklamarkt/Österreich

Mandelmonde

350 g Mehl
1 MSP Backpulver
1 Prise Salz
120 g Zucker
1 P. Vanillinzucker
etwas Zitronensaft
2 Eidotter
250 g Butter

Belag:
1 Eiklar
100 g Mandelblättchen
passierte Ribiselmarmelade
(Johannisbeermarmelade)
Schokoladenglasur

Aus den angegebenen Zutaten einen Mürbteig bereiten. Etwa eine halbe Stunde rasten lassen. Danach Teig 2 mm dünn ausrollen. Halbmonde ausstechen. Plätzchen auf ein mit Backpapier ausgelegtes Blech legen, mit Eiklar bestreichen und mit Mandelblättchen belegen. Monde bei 180 Grad 12–15 Minuten hell backen. Erkaltet je 2 Monde mit Ribiselmarmelade zusammensetzen. Die Spitzen der Monde in Schokoladenglasur tauchen.

Hilda Kobler
Fürth 11, A-5231 Schalchen/Österreich

Mandelbögen

250 g Weizenmehl
1 MSP Backpulver
125 g Zucker
1 TL Vanillinzucker
3 Eigelb
200 g kalte Butter
125 g gemahlene Mandeln
1 Eiweiß zum Bestreichen
125–150 g gehobelte Mandeln zum Bestreuen

Mehl mit Backpulver vermischt auf die Arbeitsfläche sieben. Mit Zucker, Vanillinzucker, Butter, Mandeln und Eigelb zu einem glatten Teig verkneten. Aus dem Teig bleistiftdicke Rollen formen, 5–6 cm lange Stücke abschneiden. Mit Eiweiß bestreichen und in den gehobelten Mandeln wälzen. Rollen bogenförmig auf das Backblech legen und bei 175 Grad etwa 12 Minuten backen.

Erna Beier
Meindlstraße 9, 8346 Simbach/Inn

Mohnkränzel

175 g Butter
100 g Zucker
1 TL Vanillinzucker
1 Ei
175 g Mehl
75 g Stärkemehl
100 g gemahlener Mohn
Puderzucker zum Bestäuben

Butter schaumig rühren, nach und nach Zucker, Vanillinzucker und Ei zugeben. Das mit Stärkemehl vermischte Mehl und den Mohn unterrühren. Teig in einen Spritzbeutel mit gezackter Tülle füllen und Ringe auf das mit Backpapier belegte Blech spritzen. Bei 175 Grad ca. 10–15 Minuten backen. Noch warm mit Puderzucker bestäuben.

Erna Beier
Meindlstraße 9, 8346 Simbach/Inn

Marzipanstangerl

125 g Marzipanrohmasse
50 g Zucker
Saft und Schale einer Zitrone
1 Ei
100 g weiche Butter
100 g Mehl
75 g Stärkemehl
1 TL Backpulver
½ Glas Johannisbeermarmelade
2 cl schwarzer Johannisbeerlikör
200 g Kuvertüre

Marzipanrohmasse mit Zucker, Zitronensaft und Schale, Ei und Butter cremig rühren. Stärkemehl, Backpulver und Mehl mischen und löffelweise unterrühren. Den cremigen Teig in einen Spritzbeutel mit Sterntülle füllen und 5 cm lange Streifen auf ein mit Backpapier belegtes Backblech spritzen.
Bei 180 Grad ca. 15 Minuten backen. Marmelade mit Likör verrühren, je 2 Stangen damit zusammensetzen und die Enden mit Schokolade bestreichen.

Christa Schimpfhauser
Baderallee 9, 8380 Landau/Isar

Mohnkugeln

250 g Butter	250 g gemahlenen Mohn
1 Tasse Zucker	1 Prise Salz
2 Eigelb	Kandierte Kirschen
2 Tassen Mehl	Puderzucker zum Bestäuben

Butter mit Zucker schaumig rühren. Eigelb, Salz, nach und nach Mohn und Mehl zufügen. Teig rasch kneten und kalt stellen. Aus dem Teig Kugeln formen und mit je einer geviertelten kandierten Kirsche verzieren. Bei guter Mittelhitze ca. 15 Minuten backen. Abschließend mit Puderzucker bestäuben.

Elke Ruf
Reutern 17, 8394 Griesbach/Rottal

Mokkaplätzchen

250 g Mehl
50 g Stärkemehl
125 g Butter
125 g Zucker
1 Ei
1 TL Backpulver
1 EL Kakao
50 g gemahlene Mandeln
2 EL Pulverkaffee
etwas Rum und Bittermandelöl
1–2 EL Milch

Fülle:
125 g Kokosfett, zerlassen
1 TL Kakao
etwas Rum
1 Ei
65 g Zucker
25 g gemahlene Mandeln
2 TL Pulverkaffee

Guß:
Puderzucker
heißer Bohnenkaffee
1 Würfel Kokosfett, zerlassen
Mokkabohnen

Aus den angegebenen Zutaten einen glatten Teig kneten, dünn ausrollen und kleine, runde Plätzchen ausstechen. Diese auf einem mit Backpapier belegten Blech bei Mittelhitze ca. 10 Minuten hell backen.
Für die Füllung Kakao, Zucker, Ei, Rum, Mandeln und aufgelösten Bohnenkaffee vermischen, mit zerlassenem Kokosfett zu einer geschmeidigen Masse verrühren. Jeweils zwei Plätzchen mit dieser Fülle zusammensetzen. Aus Puderzucker, heißem Bohnenkaffee und dem zerlassenen Kokosfett einen Guß herstellen und die Plätzchen damit bestreichen. Abschließend mit Mokkabohnen verzieren.

Angelika Stemmer
Auweg 1, 8353 Osterhofen/Gergweis

Muskatnußkrapfen

175 g Puderzucker
280 g gemahlene Mandeln
10 g Zimt
etwas gemahlene Nelken
eine halbe geriebene Muskatnuß
abgeriebene Schale von einer halben Orange
und einer halben Zitrone
1 Ei
Zitronensaft

Die angegebenen Zutaten zu einem geschmeidigen Teig verarbeiten. Nicht zu dünn ausrollen und beliebige Formen ausstechen. Bei schwacher Hitze auf einem mit Backpapier belegten Blech backen.

Grete Hingerl
Arbeiterstraße 33, A-4400 Steyr/Österreich

Nougat-Mandel-Tuffs

4 Eier
200 g Zucker
1 Prise Salz
200 g Weizenmehl
75 g abgezogene, gehobelte Mandeln
200 g Nußnougatmasse zum Füllen
40 g dunkle Kuvertüre

Eier sehr schaumig rühren, Zucker und Salz einrieseln lassen, dann noch etwa 2 Minuten weiterschlagen. Mehl sieben, die Hälfte davon auf die Eiercreme geben, kurz auf niedrigster Stufe unterrühren. Den Rest des Mehls auf die gleiche Weise unterarbeiten. Den Teig in einen Spritzbeutel mit großer Lochtülle füllen, etwa 2 cm dicke Tuffs aufs gefettete, bemehlte Backblech spritzen, mit gehobelten Mandeln bestreuen. Im vorgeheizten Backofen bei ca. 200 Grad etwa 10 Minuten backen.
Plätzchen nach dem Erkalten auf der Unterseite mit der geschmeidigen Nougatmasse bestreichen, je zwei zusammensetzen. Nougattuffs mit flüssiger, dunkler Kuvertüre besprenkeln.

Roswitha Koller
Untere Brandstatt 1, Brombach, 8345 Bad Birnbach

Nougathörnchen

100 g weiche Butter
200 g Nougat
1 Ei
2 EL Vanillinzucker
$\frac{1}{2}$ TL gemahlener Zimt
1 Prise Salz
300 g Mehl
$\frac{1}{2}$ TL Backpulver
100 g Zartbitterkuvertüre

Butter mit Nougatmasse mischen und Ei, Vanillinzucker, Zimt und Salz unterrühren. Mehl mit Backpulver vermischt darübersieben und unterkneten. Den Teig zugedeckt 3 Stunden im Kühlschrank ruhen lassen.

Teig portionsweise auf einer leicht mit Zucker bestreuten Arbeitsfläche zu Rollen formen. Bleistiftdicke Stücke mit einer Länge von 6 cm abschneiden. Die Teigstückchen zu Hörnchen biegen und auf das gefettete Backblech legen. Auf der mittleren Schiene bei 175 Grad ca. 12 Minuten backen.

Hörnchen auf einem Kuchengitter abkühlen lassen. Kuvertüre im heißen Wasserbad schmelzen. Beide Enden der abgekühlten Hörnchen in die Kuvertüre tauchen und auf Pergamentpapier trocknen lassen.

Angelika Stemmer
Auweg 1, 8353 Osterhofen/Gergweis

Nougatkaros

250 g Mehl
1/2 TL Backpulver
75 g Zucker
1 P. Vanillinzucker
1 Ei
200 g Butter
150 g geröstete, gemahlene Haselnüsse

Füllung:
200 g Nußnougatmasse
Kuvertüre

Aus den angegebenen Zutaten einen Knetteig bereiten, dünn auswellen und kleine Quadrate ausradeln oder schneiden. Auf einem
mit Backpapier belegten Blech bei Mittelhitze ca. 12 Minuten
backen.
Nach dem Erkalten je zwei Plätzchen mit streichfähiger Nougatmasse zusammensetzen. Eine Ecke der Karos in zerlassene Kuvertüre tauchen und trocknen lassen.

Annemarie Wüstenhagen
Abt-Rumpler-Straße 19, 8399 Neuhaus-Vornbach

Nuß-Marzipan-Taler

150 g Mehl
$^1/_2$ TL Backpulver
75 g Zucker
1 P. Vanillinzucker
3 EL Wasser
125 g Margarine oder Butter
150 g gemahlene Haselnüsse

Belag:
250 g Rohmarzipan
150 g Puderzucker
etwas Johannisbeergelee
Rumglasur zum Bestreichen

Die angegebenen Zutaten zu einem Teig verkneten. Sehr dünn auswellen und kleine Taler (ca. 3 cm Durchmesser) ausstechen, hell
backen.
Marzipan mit Puderzucker verkneten und ausrollen. Taler in der
Größe der Plätzchen ausstechen. Kalte Plätzchen mit Gelee bestreichen und Marzipantaler daraufsetzen. Anschließend mit Rumglasur überziehen.

Marianne Klinger
Bergstraße 12, 8261 Halsbach

114

Nußstangerl

200 g Nüsse
40 g Mehl
200 g Puderzucker
1 Ei
1 nußgroßes Stück Butter
etwas Zimt
1 MSP Nelken
50 g geriebene Schokolade

Glasur:
1 Eiweiß
200 g Puderzucker
etwas Zitronensaft

Mehl mit Schokolade, Gewürzen und Nüssen mischen. Mit Puderzucker, Ei und Butter zu einem geschmeidigen Teig verarbeiten. Eine Stunde in den Kühlschrank stellen.
Teig 1 cm dick ausrollen und mit Glasur bestreichen. Für die Glasur Eiweiß mit Puderzucker und Zitronensaft steif schlagen. Teig damit bestreichen und mit einem scharfen Messer, das man immer wieder in kaltes Wasser taucht, in 1 cm breite und 5 cm lange Stangerl schneiden. Nußstangerl bei 120 Grad sehr hell backen.

Rosina Hoog
Burgstallerstraße 19, A-4060 Leonding/Österreich

Orangen-Schoko-Herzen

250 g Mehl
150 g Zucker
1 Prise Salz
Mark einer halben Vanilleschote
1 Ei
1 Prise Ingwerpulver
150 g Butter

Fülle:
ein halbes Glas Orangenmarmelade

zum Verzieren:
150 g Halbbitterkuvertüre
60 g Walnußkerne

Mehl auf ein Backbrett sieben, eine Vertiefung in die Mitte drücken, Zucker, Salz, Vanillemark, Ei und Ingwerpulver hineingeben. Die Butter in Flöckchen auf dem Mehlrand verteilen. Die Zutaten in der Vertiefung mit etwas Mehl verrühren, dann von außen nach innen einen Teig kneten und dabei die Butter gut unterarbeiten. Teig zu einer Kugel formen, in Klarsichtfolie einpacken und ca. 1 Stunde im Kühlschrank ruhen lassen.
Teig portionsweise auf wenig bemehlter Arbeitsfläche ausrollen, Herzen ausstechen. Backblech mit Backtrennpapier auslegen, Herzen darauflegen und auf der Mittelschiene im Backofen bei ca. 180 Grad etwa 10 Minuten hellgelb backen.
Die gebackenen Herzen auf einem Kuchengitter auskühlen lassen. Orangenmarmelade vor dem Bestreichen leicht erwärmen. Plätzchen damit zusammensetzen. Die Kuvertüre im Wasserbad auflösen und die Herzen damit überziehen. Mit halbierten Walnußkernen verzieren.

Hermine Weigel
Kranewittweg 73, A-5280 Braunau/Österreich

Mohnkugeln ➤

Orangen-Teegebäck

150 g Butter
80 g Puderzucker
1 MSP Salz
1 EL Orangensaft
abgeriebene Schale einer unbehandelten Orange
125 g Weizenmehl
125 g Vollkornmehl
30 g gemahlene Mandeln

Fülle:
abgeriebene Schale und Saft einer unbehandelten
Orange
50 g Zucker
60 g fein geriebene Mandeln
100 g Marzipanrohmasse
20 ml brauner Rum

Glasur:
200 g bittere Kuvertüre
gehackte Pistazien zum Garnieren

Butter mit Zucker, Salz, Orangensaft und -schale, Mehl und Mandeln rasch zu einem Knetteig verarbeiten. In eine Folie wickeln
und 2–3 Stunden im Kühlschrank ruhen lassen. Teig auf der bemehlten Arbeitsfläche gleichmäßig etwa 3 mm dick ausrollen und
runde Plätzchen ausstechen. Auf einem ungefetteten Backblech im
vorgeheizten Ofen bei etwa 180 Grad 12 Minuten hellbraun
backen. Orange unter heißem Wasser bürsten, abtrocknen und die
Schale mit einer feinen Reibe abreiben. Den Saft auspressen und
mit dem Zucker sowie der abgeriebenen Orangenschale aufkochen
und etwa auf die Hälfte einkochen lassen. Mit den Mandeln, der
Marzipanrohmasse und dem Rum verrühren. Damit die Oberfläche einer Hälfte der Plätzchen bestreichen. Die übrigen Plätzchen daraufsetzen. Kuvertüre auflösen, dann die Plätzchen an der
Oberfläche eintauchen. Mit gehackten Pistazien bestreuen.

Marianne Wimmer
Ritter-Tuschl-Straße 19, 8359 Ortenburg-Söldenau

Orangentäschchen

200 g Mehl
50 g Stärkemehl
1 MSP Backpulver
70 g Zucker
abgeriebene Zitronenschale
nach Geschmack
170 g Butter
1 Ei

1 verquirltes Ei zum Bestreichen

Fülle:
100 g geriebene Mandeln
70 g Zucker
Saft und Schale einer
unbehandelten Orange

Orangenglasur aus Puderzucker, Orangen- und Zitronensaft

Aus den angegebenen Zutaten einen Mürbteig herstellen und ca.
1 Stunde kalt stellen. Teig auswellen und runde Plätzchen ausstechen. Geriebene Mandeln mit Zucker, der abgeriebenen Orangenschale und Orangensaft zu einer geschmeidigen Masse verrühren.
In die Mitte jedes Plätzchens $\frac{1}{2}$ TL Fülle setzen. Ränder mit einem
verquirlten Ei bestreichen und zu Taschen zusammenklappen. Bei
180 Grad ca. 15 Minuten backen. Erkaltet mit Orangenglasur bestreichen.

Rosemarie Kaiser
Forststraße 26, 8269 Burgkirchen/Alz

Passauer Spitzbuben

400 g Mehl
230 g flockig geschnittene Butter
200 g Zucker
130 g fein geriebene Nüsse
1 Ei
Marmelade zum Füllen
Puderzucker zum Bestäuben

Aus Mehl, Butter, Zucker, Nüssen und Ei rasch einen Mürbteig kneten. Teig dünn ausrollen und kleine Quadrate oder Dreiecke ausstechen. Plätzchen auf Backpapier bei ca. 180 Grad etwa 10 Minuten ganz hell backen. Nach dem Erkalten je zwei Plätzchen mit feiner Marmelade füllen und dicht mit Puderzucker bestäuben.

Rudolf Habermann jun.
Hauptstraße 5, 8399 Tettenweis

Pfauenaugen

240 g Mehl
120 g Butter
80 g Zucker
1 P. Vanillinzucker
2 Eigelb
etwas Zimt

Makronenmasse:
2 Eiweiß
125 g Zucker
175 g geriebene Mandeln
Johannisbeergelee

Die angegebenen Zutaten rasch zu einem glatten Teig verarbeiten. Teig dünn ausrollen und runde, gezackte Plätzchen ausstechen. Eiweiß steif schlagen, Zucker einrieseln lassen und geriebene Mandeln unterarbeiten. Aus dieser Makronenmasse auf die noch nicht gebackenen Plätzchen Ringe spritzen. Die Mitte der Ringe mit Johannisbeergelee oder Marmelade füllen.
Plätzchen bei 175 Grad ca. 12 Minuten hell backen. Erkalten lassen. Die Marmelade in der Mitte der Plätzchen nach Belieben mit etwas Glasur bestreichen.

Agnes Röhrl
Obere Dorfstraße 20, 8441 Aiterhofen

Prälatenkrapferl

1 hartgekochter Eidotter
110 g Butter
180 g Mehl
1 MSP Backpulver

90 g Puderzucker
1 P. Vanillinzucker
Marmelade zum Bestreichen
Zucker zum Bestreuen

Mehl mit Backpulver mischen, mit Zucker, Vanillinzucker, Butter und dem zerdrückten Eidotter zu einem Teig verkneten. Teig dünn ausrollen und runde Plätzchen ausstechen. Bei der Hälfte der Plätzchen mit einem Fingerhut 1–3 kleine Löcher ausstechen. Plätzchen bei Mittelhitze ca. 10 Minuten hell backen. Nach dem Erkalten Plätzchen mit Marmelade bestreichen und so zusammensetzen, daß die gelochten Plätzchen die Oberseite bilden. Nach Belieben mit Zucker bestreuen.

Leopoldine Ebner
Ringstraße, 8353 Osterhofen

Pfeffernußecken

4 Eier
500 g Zucker
abgeriebene Schale von
1 ½ unbehandelten Zitronen
2 EL Zimt
5 g Kardamom

50 g Zitronat
50 g Orangeat
½ TL weißer Pfeffer
(frisch gemahlen)
500 g Mehl

Holzmodeln werden benötigt.

Aus den angegebenen Zutaten auf einer Arbeitsfläche einen glatten Teig kneten. Eine Kugel formen und über Nacht in den Kühlschrank legen. Teig auf der Arbeitsfläche ½ cm dick ausrollen. Die Holzmodeln (4 × 3 cm) in den Teig drücken und ausschneiden. Die Pfeffernußecken auf ein mit Backpapier belegtes Blech setzen. Oberfläche etwas antrocknen lassen, dann mit Wasser bestreichen. Auf der zweiten Einschubleiste von unten bei 175 Grad 15–20 Minuten backen. Ausgekühlt mit Pergamentpapier in Dosen schichten.

Regina Schanzer
Holzbach 4, 8399 Fürstenzell

Rahmplätzchen

180 g Mehl
125 g Butter
80 g saure Sahne
100 g Hagelzucker

Mehl, Butter und Sahne zu einem geschmeidigen Teig kneten. 15 Minuten im Kühlschrank ruhen lassen. Teig auf einer bemehlten Arbeitsfläche messerrückendick ausrollen und dick mit Hagelzucker bestreuen, diesen leicht einrollen. Backblech fetten, mit Mehl bestäuben. Teig in 1,5 cm breite und ca. 8 cm lange Streifen schneiden. Im vorgeheizten Ofen auf der mittleren Schiene bei 175 Grad ca. 10 Minuten backen. Rahmplätzchen noch warm vom Blech lösen, auskühlen lassen.

Sigrid Schwaiger
Ruckasinger Straße 20, 8353 Osterhofen

Rattenberger Leckerbissen

3 Eier
200 g Zucker
1 P. Vanillinzucker
150 g Mandeln, gemahlen
50 g Kokosraspeln oder Haferflocken
150 g Nüsse, gehackt
50 g Zitronat
50 g Orangeat
etwas Likör oder Rumaroma nach Geschmack
1 TL Zimt oder Lebkuchengewürz

Eier mit Zucker und Vanillinzucker schaumig rühren. Mandeln, Nüsse, Haferflocken oder Kokosraspeln untermengen. Sehr fein gehacktes Orangeat und Zitronat sowie Geschmackszutaten unterrühren. Kleine Häufchen auf Oblaten setzen und bei ca. 160 Grad etwa 15 Minuten backen.

Irmi Penzkofer
Kirchweg 3, 8441 Rattenberg

Rote Nestchen

275 g Mehl
150 g Zucker
1 P. Vanillinzucker
2 Eigelb
2 Tropfen Bittermandelöl
175 g Butter

Belag:
250 g Marzipan
2 Eiweiß
rote Marmelade zum Füllen

Aus den angegebenen Zutaten Mürbteig herstellen, ausrollen und runde Plätzchen ausstechen. Auf ein mit Backpapier belegtes Blech legen. Marzipan mit Eiweiß geschmeidig rühren, nach Bedarf 1–2 EL Wasser zugeben, Masse in Spritzbeutel füllen und als Kranz auf die Teigplätzchen spritzen. Bei 175 Grad etwa 15 Minuten backen. Nach dem Erkalten in die Mitte der Kränzchen rote Marmelade füllen.

Elfriede Binder
Siedlerstraße 17, 8391 Salzweg

Rosinenstangen

275 g Weizenmehl
2 P. Vanillinzucker
etwas Salz
4 EL Milch
250 g Butter

Füllung:
200 g Rosinen
nach Belieben 3-4 EL Rum zum
Tränken der Rosinen
Puderzucker zum Bestäuben
oder Schokoguß nach Belieben

Das Mehl auf die Tischplatte sieben. In die Mitte eine Vertiefung drücken und Vanillinzucker, Salz und Milch hineingeben und mit einem Teil des Mehls zu einem dicken Brei verarbeiten. Darauf die in Stücke geschnittene Butter geben, mit Mehl bedecken und von der Mitte aus alle Zutaten schnell zu einem glatten Teig verkneten. Sollte er kleben, Teig eine Zeitlang kalt stellen.
Den Teig dünn ausrollen und in Rechtecke von etwa 5 × 4 cm schneiden oder rädern. Auf jedes Teigstück einige abgetropfte Rosinen legen und darin einwickeln. Die Rosinenstangen auf ein Backblech legen. Bei 175 Grad ca. 15 Minuten backen.
Nach Belieben das erkaltete Gebäck mit Puderzucker bestäuben oder beide Enden der Stangen in Schokoguß tauchen.

Maria Hofbauer
Gaisenhausen 2, 8338 Schönau

Schokoladekipferl

140 g Mehl
2 P. Vanillinzucker
1 Eidotter
100 g Butter

90 g geriebene Haselnüsse
40 g geriebene Schokolade
Schokoglasur

Mehl mit Haselnüssen und geriebener Schokolade mischen, mit Vanillinzucker, Eidotter und Butter zu einem glatten Teig verkneten. Sollte er kleben, Teig eine Zeitlang kalt stellen. Aus dem Teig Kipferl formen und bei 160 Grad ca. 10 Minuten backen. Abgekühlte Kipferl mit Schokoglasur überziehen.

Maria Bernecker
Holzgassen 9, A-5122 Ach/Österreich

124

Rotweinplätzchen

500 g Mehl	1 Ei
250 g Zucker	1 P. Backpulver
280 g Butter	pikante Marmelade zum Füllen
2 TL Zimt	200 g Kuvertüre
2 EL Kakao	gemahlene Haselnüsse
6 EL Rotwein	zum Verzieren

Mehl mit Backpulver und Kakao vermischt auf die Arbeitsplatte sieben. Mit Zucker, Butter, Zimt, Rotwein und Ei zu einem geschmeidigen Teig verkneten. Etwa eine halbe Stunde im Kühlschrank ruhen lassen. Teig dünn ausrollen und runde Plätzchen ausstechen. Auf einem mit Backpapier belegten Blech bei 175 Grad ca. 10 Minuten backen. Je zwei abgekühlte Plätzchen mit Marmelade zusammensetzen. Rand der Plätzchen in flüssige Kuvertüre tauchen, in gemahlenen Haselnüssen rollen.

Resi Seign
Siegenfurt 5, 8441 Haibach

Schokoschaumplätzchen

1 Eiweiß
ca. 300 g Puderzucker (soviel das Eiweiß aufnimmt)
1 EL Kakao

Puderzucker und Kakao mischen und mit Eiweiß verkneten. Teig auf Puderzucker etwa $1/2$ cm dick ausrollen. Quadrate (Kantenlänge 1 $1/2$–2 cm) ausradeln oder schneiden, auf ein mit Backpapier belegtes Blech im Abstand von 1 cm legen. Im vorgeheizten Ofen bei 175 Grad auf der zweiten Einschubleiste von unten etwa 7 Minuten backen. Wenn sich die Plätzchen vom Papier lösen lassen, sind sie fertig.
Tip der Einsenderin: Diese Menge mit einem Eiweiß füllt ein Backblech.

Luise Kraus
Königsberger Straße 5, 8312 Dingolfing

Schmalztaler

100 g Butterschmalz
100 g Schweineschmalz
125 g Zucker
abgeriebene Schale einer
unbehandelten Zitrone

1 Eigelb
375 g Mehl
1 Ei zum Bestreichen
Mischung aus 1 P. Lebkuchengewürz
und 25 g Zucker zum Bestreuen

Butterschmalz cremig rühren, Schweineschmalz, Zucker, Zitronenschale und Eigelb unterrühren. Mehl darübersieben und unterkneten. Teig zu Rollen (4 cm Durchmesser) formen. Teigrollen zugedeckt 2 Stunden kalt stellen. Dann mit verquirltem Ei bestreichen und in der Zuckermischung wälzen. Von den Rollen 1 cm dicke Scheiben abschneiden und auf ein mit Backpapier belegtes Blech setzen. Plätzchen im vorgeheizten Backofen bei 175 Grad ca. 12 Minuten hellbraun backen. Erst nach dem Erkalten vom Blech nehmen.

Heidi Bartz
Lindacher Straße 36, 8263 Burghausen

Schweizer Zungen

200 g Butter
120 g Puderzucker
4 Eigelb
1 P. Vanillinzucker
40 g fein gemahlene Mandeln
220 g Mehl

Fülle:
Säuerliche Marmelade
Schokoladenglasur

Aus dem weichen Fett und den restlichen Zutaten einen Rührteig bereiten. Teig in einen Spritzbeutel mit runder Tülle füllen und auf ein gefettetes Blech kleine Zungen spritzen. Kalt stellen. Bei 180 Grad backen. Wenn die Zungen etwas breitgelaufen sind und braune Ränder haben, sind sie fertig.
Je zwei Zungen mit säuerlicher Marmelade zusammensetzen und zur Hälfte in Schokoladenglasur tauchen. Auf Backfolie trocknen lassen.

Dorothea Kehl-Waas
Wittelsbacherstraße 9, 8357 Haidlfing

Schokoladen-Katzenzungen

125 g gemahlene Haselnüsse
120 g Zucker
3 Eiweiß
1 EL Vanillinzucker
20 g fein geriebene Bitterkuvertüre
$^{1}/_{2}$ EL Kakao

Glasur:
100 g weiße Schokolade
10 g Kokosfett
50 g Bitterkuvertüre

Haselnüsse und 40 g Zucker hellbraun rösten und kalt stellen. Eiweiß steif schlagen, den übrigen Zucker und den Vanillinzucker zugeben. Kuvertüre, Kakao und abgekühlte Haselnüsse unterheben. Ein Backblech mit Backpapier auslegen. Teig in einen Spritzbeutel mit mittlerer Lochtülle füllen, etwa 6 cm lange Streifen auf das Backblech spritzen. Im vorgeheizten Backofen bei 170 Grad ca. 15 Minuten backen.
Für die Glasur weiße Schokolade und Kokosfett schmelzen und glattrühren. Die ausgekühlten Katzenzungen zur Hälfte eintauchen. Bitterkuvertüre schmelzen und die überzogenen Seiten der Katzenzungen mit der Spitze in die dunkle Kuvertüre tauchen.

Therese Dudeck
Wurmannsreit 2, 8348 Wittibreut

Springerle

2 Eier	1 TL Quark
250 g Puderzucker	250 g Mehl
1 P. Vanillinzucker	1 MSP Backpulver
abgeriebene Schale einer halben Zitrone	

Holzmodeln werden benötigt.

Eier mit Puderzucker und Vanillinzucker ca. 10 Minuten mit dem elektrischen Rührgerät rühren. Zitronenschale und Quark zugeben. Mehl mit Backpulver mischen und auf die Eiercreme sieben. Vorsichtig untermischen. Teig etwa 1 Stunde kühl stellen, dann etwa $^1/_2$ –1 cm dick ausrollen. Mit Mehl bestäuben und die ebenfalls mit Mehl bestäubten Holzmodeln eindrücken. Springerle ausschneiden und auf ein mit Mehl oder Anis bestäubtes Blech legen. Etwa 24 Stunden (über Nacht) in einem mäßig warmen Raum trocknen lassen. Dann im vorgeheizten Ofen bei 150 Grad ganz hell backen.

Edith Hofmann
Waldbadring, 8446 Mitterfels

Walnüßchen

125 g Eiweiß	Füllung:
150 g Zucker	50 g Sahne
150 g geriebene Walnüsse	100 g Vollmilchkuvertüre
50 g Speisestärke	25 g Kokosfett
40 g Butter	10 g Kirschwasser
	1 P. Vanillinzucker

Eiweiß mit Zucker steif schlagen, die Walnüsse mit der Speisestärke vermischen und mit der zerlassenen, etwas abgekühlten Butter unterheben. Die Masse in einen Spritzbeutel mit Sterntülle füllen, kleine Häufchen aufs Blech (Backpapier) spritzen und bei ca. 140 Grad etwa 20 Minuten backen. Auskühlen lassen. Für die Füllung Sahne aufkochen lassen, Kuvertüre und Fett zugeben, schmelzen lassen und abkühlen. Kirschwasser und Vanillinzucker zufügen und die Masse schaumig rühren. Jeweils zwei Plätzchen mit der Füllung zusammensetzen.

S. Niedernhuber
Schöffau 5, 8399 Rotthalmünster 3

128

Walnußbaiser-Plätzchen

200 g Weizenmehl
1 MSP Backpulver
75 g Zucker
1 P. Vanillinzucker
abgeriebene Schale einer unbehandelten Zitrone
1 MSP Nelken
1 MSP Zimt
1 Ei
125 g Butter

Belag:
2 Eiweiß
1 TL Zitronensaft
100 g Zucker
1 MSP Kardamom
200 g fein gemahlene Walnußkerne

rote Konfitüre für die Füllung

Aus den angegebenen Zutaten einen Knetteig zubereiten und kalt stellen. Danach den Teig dünn ausrollen und mit einer runden oder gezackten Form ausstechen und auf ein mit Backpapier ausgelegtes Blech legen. Eiweiß mit Zitronensaft steifschlagen, nach und nach Zucker einrieseln lassen. Walnußkerne mit Kardamom vorsichtig unterheben. Die Masse in einen Spritzbeutel mit großer gezackter Tülle füllen und Ringe auf die Teigplätzchen spritzen. Plätzchen im vorgeheizten Ofen bei 150–170 Grad etwa 10 Minuten backen.
Für die Füllung rote Konfitüre durch ein Sieb streichen und unter Rühren etwas einkochen lassen. Nach dem Abkühlen Masse in die Mitte der erkalteten Plätzchen füllen.

Karin Schubert
Rotkreuzstraße 4, 8262 Altötting

129

Walnußherzen

¹/₂ Vanilleschote
150 g Butter
130 g Puderzucker
1 MSP Salz
1 MSP gemahlener Ingwer
1 Eigelb
250 g Mehl
60 g gemahlene Walnüsse

Füllung:
50 g Marzipanrohmasse
100 g Orangenmarmelade
250 g Kuvertüre
Walnußhälften zum Belegen

Vanilleschote aufschneiden und Mark mit einer Messerspitze herauskratzen. In einer Schüssel Butter mit Zucker, Salz, Ingwer und Vanillemark verkneten. Eigelb unterarbeiten, Mehl und Walnüsse darübergeben und alles schnell zu einem glatten Mürbteig verkneten. Teig für ca. 1–2 Stunden in Folie gewickelt kühl ruhen lassen.
Auf der mit Mehl bestäubten Arbeitsfläche den Teig etwa 3 mm dick ausrollen und kleine Herzen ausstechen. Die Plätzchen in einem auf 190 Grad vorgeheizten Backrohr auf der mittleren Schiebeleiste etwa 10 Minuten backen.
Die Marzipanrohmasse in kleine Würfel schneiden und mit der Orangenmarmelade glattrühren. Je zwei Herzen mit diesem Orangenmarzipan zusammensetzen. Plätzchen mit Kuvertüre bestreichen und mit je einer halben Walnuß belegen.

Renate Käsperer
Simbacher Straße 54, 8340 Pfarrkirchen

Walnußplätzchen

200 g Butter
120 g Puderzucker
1 Eigelb
Mark von einer Vanillestange
300 g Mehl
60 g geriebene Walnüsse
200 g Marzipanrohmasse
50 g Puderzucker
Aprikosenmarmelade
100 g Schokoladenfettglasur
Walnußhälften zum Garnieren

Butter und Puderzucker mit Vanillemark gut verkneten, Eigelb, Mehl und Nüsse dazugeben und unterkneten. Teig eine halbe Stunde kalt stellen. Anschließend 3–4 mm dick ausrollen, runde Plätzchen ausstechen und diese bei 190 Grad im vorgeheizten Ofen hellgelb backen.
Marzipan mit Puderzucker gut verkneten und 2–3 mm dick ausrollen. In der Größe der Walnußplätzchen ausstechen. Die erkalteten Plätzchen mit wenig Aprikosenmarmelade bestreichen und mit jeweils einem Marzipanplätzchen bedecken. Oberfläche mit Schokofettglasur bestreichen und mit einer Walnußhälfte garnieren.

Rosi Hofbauer
Hasenberg 2, 8345 Bad Birnbach

Williamsplätzchen

175 g Weizenmehl
1 MSP Backpulver
40 g Zucker
1 P. Vanillinzucker
1 MSP Salz
2 EL Milch
100 g kalte Butter
2 EL Aprikosenkonfitüre
zum Bestreichen

zum Bespritzen und Füllen:
200 g Vollmilchkuvertüre
65 g weiche Butter
2 EL gesiebter Puderzucker
2 EL Williamsbirnengeist
3 EL gesiebter Puderzucker
4–5 EL Williamsbirnengeist

Mehl mit Backpulver mischen und auf eine Tischplatte sieben. In die Mitte eine Vertiefung eindrücken, Zucker, Vanillinzucker, Salz und Milch hineingeben und mit einem Teil des Mehls zu einem dicken Brei verarbeiten. Darauf die in Stücke geschnittene Butter geben, mit Mehl bedecken und von der Mitte aus alle Zutaten schnell zu einem glatten Teig verkneten. Sollte er kleben, Teig eine Zeitlang kalt stellen.

Teig etwa 3 mm dick ausrollen, gezackte runde Plätzchen mit einem Durchmesser von etwa 3 cm ausstechen. Plätzchen auf ein mit Backpapier ausgelegtes Backblech legen und im vorgeheizten Ofen bei ca. 180 Grad etwa 10 Minuten backen.

Die Konfitüre durch ein Sieb streichen und die erkalteten Plätzchen damit bestreichen. Die Kuvertüre in einem Topf im Wasserbad glattrühren, etwas abkühlen lassen. Die Butter geschmeidig rühren und 2 EL gesiebten Puderzucker und 2 EL Williamsbirnengeist unterrühren. Kuvertüre zufügen und dickcremig rühren. Die Masse in einen Spritzbeutel mit gezackter Tülle füllen und Ringe auf die Plätzchen spritzen (Mitte muß frei bleiben).

3 EL Puderzucker mit 4–5 TL Williamsbirnengeist verrühren und etwas von dieser Mischung in die Mitte der Schokoladenringe geben. Die so vorbereiteten Plätzchen im Kühlschrank fest werden lassen. Plätzchen in einer gut schließenden Dose zwischen Lagen von Folie oder Butterbrotpapier lagern.

Richard Schmidbauer
Fliederweg 8, 8440 Straubing

Zimtsterne

300 g fein gemahlene Nüsse
250 g Zucker
125 g Rohmarzipan in Stücken
75 g Orangeat, fein gehackt
75 g Zitronat, fein gehackt
12 g Zimt
1 Prise Salz
Abrieb einer ganzen Orange
4 Eiweiß

Guß:
3 Eiweiß
450 g Puderzucker
etwas abgeriebene Orangenschale

Nüsse mit Zucker auf der Arbeitsfläche vermischen. Marzipan, Orangeat, Zitronat und Geschmackszutaten einarbeiten. Den Teig mit den ungeschlagenen Eiweiß gut verkneten, dann 4 mm dick ausrollen. Sterne ausstechen und mit Guß überziehen.
Für den Guß Eiweiß sehr steif schlagen, je nach Eigröße bis zu 450 g gesiebten Puderzucker unterrühren, bis die Masse steif und gut streichbar ist. Geriebene Orangenschale rundet den Geschmack ab. Zimtsterne mit Guß überziehen und bei 150 Grad etwa 10–15 Minuten backen.
Tip der Einsenderin: Zimtsterne in einer gut schließenden Blechdose aufbewahren.

Maria Altmannshofer
Kirchberg, Waldstraße 7, 8330 Eggenfelden

Zimtterrassen

180 g Mehl
150 g Butter
50 g gemahlene Mandeln
60 g Zucker
½ TL Zimt
1 TL Backpulver
Johannisbeergelee zum Bestreichen
Puderzucker zum Bestäuben

Mehl mit Backpulver mischen und auf die Arbeitsfläche sieben. Mit Butter, Mandeln, Zucker und Zimt rasch zu einem Knetteig verarbeiten. Über Nacht ruhen lassen. Teig dünn ausrollen und Plätzchen in drei verschiedenen Größen ausstechen. Bei Mittelhitze hell backen. Jeweils drei Plätzchen mit Johannisbeergelee zu Terrassen zusammensetzen und mit Puderzucker bestäuben.

Lydia Böhmisch
Am Seidenhof 19, 8390 Passau 22

Zwieseler Zimtsterne

2 Eiweiß
170 g Puderzucker
1 TL Zimt
1 P. Vanillinzucker
200 g gemahlene Haselnüsse

Eiweiß sehr steif schlagen, Zucker löffelweise einrieseln lassen, weiterrühren. Zwei gehäufte EL der Schaummasse zum Bestreichen der Sterne beiseite stellen. Haselnüsse, Zimt und Vanillinzucker unter die verbliebene Schaummasse mischen. Teig auf gemahlenen Haselnüssen oder Puderzucker nicht zu dünn ausrollen und Sterne ausstechen. Diese mit der Schaummasse bestreichen und auf ein mit Backpapier belegtes Blech legen. Auf der mittleren Schiene bei 140 Grad ca. 30 Minuten backen.

Ingeborg Treml
Franz-Betz-Straße 25, 8372 Zwiesel

134

Zitronenkränzchen

100 g Butter
100 g Zucker
2 Eigelb
abgeriebene Zitronenschale
150 g Mehl
100 g Stärkemehl
1 TL Backpulver

Guß:
120 g Puderzucker
1 EL Zitronensaft
Eiweiß

Aus den angegebenen Zutaten einen Mürbteig kneten, 2 mm dick ausrollen und Ringe ausstechen. Auf einem mit Backpapier belegten Blech bei 180 Grad ca. 12 Minuten backen. Die erkalteten Ringe mit Zitronenglasur bestreichen und nach Belieben mit Streuseln verzieren.

Ingeborg Gritsch
Mühlenstraße 59, 8380 Landau 1/Kleegarten

Schnelle Schnitten

Feigenbrot

200 g Zucker
400 g Feigen
1 Ei
1/4 l Milch
1 P. Backpulver
500 g Mehl
etwas Zimt
50 g Butter

Guß:
250 g Kokosflocken
250 g Kokosfett
250 g Puderzucker
2 EL Kakao

Feigen mit kochendem Wasser übergießen und kurze Zeit stehenlassen. Dann abseihen und durch die Fleischmaschine drehen. Mit
den übrigen Zutaten zu einem dicken Teig vermengen. Auf ein gefettetes oder mit Backpapier belegtes Blech streichen und bei
175 Grad ca. 30 Minuten backen. Erkaltet in Schnitten schneiden.
Für den Guß Kokosfett zerlassen, mit Zucker und Kakao verrühren.
Schnitten in Glasur eintauchen und in Kokosflocken wälzen.

Maria Wimmer
Brenning 3, A-4743 Peterskirchen/Österreich

Gewürzbrot

250 g gehackte Walnuß-
kerne (nicht gemahlen)
100 g Butter
2 Eier
1/2 Tasse Milch
250 g Zucker

250 g Mehl
3/4 P. Backpulver
1 gestr. TL Nelken
2 TL Zimt
1 1/2 EL Kakao
nach Belieben Zitronen-Zuckerguß

Butter schaumig rühren, Zucker, Eier und Milch zugeben. Mehl
mit Backpulver, Nelken, Zimt und Kakao auf die Masse sieben.
Walnüsse zugeben und alles zu einem glatten Teig verarbeiten. Auf
ein mit Backpapier belegtes Blech streichen und bei 180 Grad ca.
20 Minuten backen. Am nächsten Tag nach Belieben mit Zitronen-
Zuckerguß überziehen und in Streifen schneiden. Einige Tage
durchziehen lassen.

Johanna Zellner
Marktler Straße 19, 8263 Burghausen

Gefülltes Magenbrot

100 g erwärmter Honig
100 g Zucker
1 P. Lebkuchengewürz
2 EL Rum
1 P. Vanillinzucker
300 g Mehl
2 TL Backpulver
1 Ei nach Bedarf

Fülle:
75 g gemahlene Nüsse
25 g fein gehacktes Zitronat
25 g fein gehacktes Orangeat
50 g Zucker
50 g Rosinen
50 g klein geschnittene Feigen oder Datteln
etwas Bittermandelöl
$^1/_2$ Becher Sauerrahm
Schokoguß

Honig mit Zucker, Lebkuchengewürz, Rum und Vanillinzucker verrühren. Mehl mit Backpulver vermischt zugeben. Bei zu festem Teig ein Ei einarbeiten. Für die Fülle Nüsse mit Zitronat, Orangeat, Zucker, Rosinen und kleingeschnittenen Feigen oder Datteln vermischen. Bittermandelöl und Sauerrahm zugeben und alles gut verrühren. Aus dem Teig zwei gleichgroße Platten in der Größe eines Backbleches ausrollen. Die untere Platte mit der Fülle bestreichen, die zweite Teigplatte darauflegen. Ca. 25 Minuten bei 175 Grad backen. In Stücke schneiden und mit Schokoguß überziehen.

Elisabeth Koll
Erlenweg 6, Prienbach, 8399 Stubenberg

Helenenschnitten

100 g gemahlene Haselnüsse
100 g Halbbitterschokolade
200 g Butter
2 Eier
2 Eigelb
150 g Puderzucker
350 g Mehl
2 P. Vanillinzucker

Füllung:
300 g Marzipanrohmasse
2 Eiweiß

Guß:
150 g Puderzucker
1 TL Zimt
4 EL Rum

Schokolade fein reiben. Geschmeidiges Fett, Ei, Eigelb und Puderzucker cremig rühren. Gesiebtes Mehl, Nüsse, Schokolade und Vanillinzucker unterkneten. Den Teig ungefähr 2 Stunden kalt stellen. Für die Füllung Marzipan und Eiweiß gut verrühren. Die Hälfte des Teiges auf einem gefetteten Backblech ca. $\frac{1}{2}$ cm dick ausrollen. Mit der Marzipanfüllung bestreichen und ringsum einen 2 cm breiten Rand freilassen. Den Teigrand mit Wasser bestreichen. Die zweite Teighälfte in der gleichen Größe ausrollen und über die Füllung legen, Teigrand fest andrücken. Auf der mittleren Schiene bei 175 Grad etwa 35 Minuten backen. Für den Guß Puderzucker mit Zimt und Rum verrühren und das noch heiße Gebäck damit bestreichen. In Streifen von 2 cm Breite und 8 cm Länge schneiden.

Franz Kapfenberger
St.-Wolfgang-Straße 9, March, 8370 Regen 2

Krokantchen

125 g geriebene Haselnüsse
125 g geriebene Walnüsse
200 g Zucker
4 Eiweiß
1 P. Puddingpulver
Karamel-Geschmack
1 MSP Backpulver
1 P. Vanillinzucker

etwas Backaroma Bittermandel
je 1 MSP Kardamom,
Nelken, Muskatnuß

Guß:
150 g Puderzucker
1 EL Kakao
ca.100 g Kokosfett

Nüsse mit Zucker kurz anrösten und abkühlen lassen. Eiweiß steif schlagen. Die Nußmasse, Puddingpulver, Backpulver, Vanillinzucker und Gewürze zufügen. Teig auf ein gefettetes oder mit Backpapier belegtes Blech streichen und bei 175 Grad ca. 20–25 Minuten backen. Für den Guß Kokosfett schmelzen und mit Puderzucker und Kakao glattrühren. Teigplatte mit Guß überziehen und in gleichmäßige Stangen schneiden.

Eugenie Baumann
Böhmerwaldweg 10, 8340 Pfarrkirchen

Marzipanwürfel

4 Eigelb
200 g Zucker
250 g gemahlene Haselnüsse
4 Eiweiß

Kirschkonfitüre zum Bestreichen
250 g Marzipanrohmasse
etwas Puderzucker
Schokoladenglasur

Eigelb mit Zucker schaumig rühren. Eiweiß steif schlagen und abwechselnd mit den gemahlenen Haselnüssen unterheben. Teig auf ein mit Backpapier belegtes Blech streichen und 15 Minuten bei 190 Grad backen. Die abgekühlte Teigplatte mit Kirschkonfitüre bestreichen. Marzipanrohmasse mit etwas Puderzucker ausrollen und auf den Teig geben. Mit Schokoglasur überziehen und nach dem Erstarren in 4 × 4 cm große Würfel schneiden.

Maria Asanger
Holzhäuseln 5, 8382 Arnstorf

Marzipan-Nußecken

300 g Mehl
$^{1}/_{2}$ TL Backpulver
60 g Zucker
1 Prise Salz
1 Ei
125 g Butter

Belag:
200 g Marzipan
3 EL Weinbrand
400 g gemahlene Haselnüsse
120 g Butter
150 g Crème fraîche
200 g Zucker
2 P. Vanillinzucker

Guß:
dunkle Kuchenglasur

Aus den angegebenen Zutaten einen Mürbteig kneten und kühl stellen. Teig auf einem mit Backpapier belegten Blech ausrollen und mit einer Gabel einige Male einstechen. Marzipanrohmasse auf einer Haushaltsreibe reiben, Weinbrand und Haselnüsse untermengen. Butter im Topf zerlassen, Crème fraîche, Zucker und Vanillinzucker hineingeben und alles zusammen einmal aufkochen lassen. Diese Masse über die Nußmasse gießen und gut vermischen. Den Nußbelag gleichmäßig auf dem Teig verteilen und glattstreichen.
Bei 170 Grad auf der mittleren Schiene ca. 20 Minuten backen. Das ausgekühlte Gebäck in kleine Dreiecke schneiden. Die Spitzen in Kuchenglasur tauchen und auf Pergamentpapier trocknen lassen.

Sonja Petermüller
Rotthof 23, 8399 Ruhstorf

142

Mutters mürbe Platten

250 g Schweineschmalz
500 g Mehl
250 g Zucker
Schale einer unbehandelten Zitrone

2 TL Zimt
3 Eier
Himbeermarmelade zum
Bestreichen

Aus Schweineschmalz, Mehl, Zucker und Zitronenschale, Zimt und Eiern einen Mürbteig kneten. Die größere Hälfte des Teiges auf einem mit Backpapier belegten Blech ausrollen und mit Himbeermarmelade bestreichen. Restlichen Teig ausrollen und ca. 2 cm breite Streifen ausradeln. Streifen als Gitter auf den Kuchen legen. Bei 175 Grad ca. 30 Minuten backen. Noch warm in gleichmäßige Streifen oder Vierecke schneiden.

Hanna Löw
Stolzesberg 2, 8391 Straßkirchen

Nußvierecke

200 g Mehl
100 g Puderzucker
100 g Butter
2 Eigelb

Johannisbeermarmelade zum Bestreichen
3 Eiweiß
200 g Puderzucker
200 g geriebene Haselnüsse

Mehl mit Puderzucker, Butter und Eigelb zu einem Teig verkneten. Auf einem gut gefetteten oder mit Backpapier belegten Blech ausrollen. Teigfläche mit Johannisbeermarmelade bestreichen. Eiweiß zu steifem Schnee schlagen und Puderzucker nach und nach einrieseln lassen. Die gemahlenen Haselnüsse unterziehen. Nußmasse auf die Marmelade streichen. Bei ca. 150 Grad etwa 30 Minuten backen, bis der Eischnee eine hellgelbe Farbe annimmt. Nach dem Backen sofort mit einem scharfen Messer kleine Vierecke (3 × 3 cm) schneiden. Auf dem Blech abkühlen lassen.
Tip der Einsenderin: Je länger das Gebäck durchzieht, desto schmackhafter wird es.

Elfriede Weiß
Kleinkagerer Straße 17, 8380 Landau/Fichtheim

Orangen-Mandel-Bissen

200 g Mehl
75 g Zucker
125 g Butter
2 Eier
50 g abgezogene, geriebene Mandeln
etwas Zimt

Fülle:
125 g grob geriebene, geschälte Mandeln
150 g Zucker
Abgeriebenes von 1 $\frac{1}{2}$ Orangen
Saft einer Orange
50 g fein geschnittenes Orangeat

Guß:
Marillenmarmelade
2 EL Orangensaft
Puderzucker
grob gehackte, abgezogene Mandeln zum Bestreuen

Aus den angegebenen Zutaten einen Mürbteig kneten und kalt stellen. Zwei Platten in der Größe eines Backbleches ca. 3 mm dick auswellen. Eine Platte auf ein mit Backpapier belegtes Blech legen und mit der Fülle bestreichen. Für die Fülle Mandeln mit Zucker, Orangensaft, geriebener Orangenschale und Orangeat vermischen. Die Füllung mit der zweiten Teighälfte bedecken. Bei 180 Grad ca. 20–30 Minuten backen. Noch heiß mit Marmelade bestreichen, mit Glasur aus Puderzucker und Orangensaft überziehen und mit Mandeln bestreuen. In kleine, mundgerechte Bissen schneiden.

Toni Kreutzer
Grazer Straße 78a, A-4820 Bad Ischl/Österreich

144

Orangenplätzchen

250 g Butter
250 g Zartbitterschokolade
2 EL Milch
6 Eier
250 g gemahlene Mandeln
100 g Mehl
2 P. Vanillinzucker

Belag:
250 g Marzipanrohmasse
100 g Orangenmarmelade
4 cl Orangenlikör
1 Becher Schokoglasur
einige kandierte Orangenscheiben

Butter in einem Topf schmelzen. Schokolade zerbröckeln und mit der Milch unter ständigem Rühren zur Butter geben und darin auflösen. Eier in einer Schüssel verrühren. Mandeln, gesiebtes Mehl und Vanillinzucker, ebenso die Butter-Schokoladen-Masse zu den Eiern geben und alles zu einem Teig verarbeiten. Ein Backblech fetten oder mit Backpapier belegen und den Teig gleichmäßig darauf verstreichen. Bei 175 Grad ca. 30 Minuten backen.
Orangenmarmelade mit Orangenlikör glattrühren und auf die Platte streichen. Marzipanrohmasse auf einer mit Puderzucker bestreuten Arbeitsfläche dünn ausrollen. Kuchenplatte mit Marzipan bedecken und mit Schokoglasur überziehen. Danach in rechteckige Plätzchen schneiden. Kandierte Orangenscheiben in dünne Streifen schneiden und Plätzchen damit garnieren.

Martina Heindl
Gartenweg 7, 8391 Untergriesbach

145

Orangenschnitten

500 g Mehl
150 g Zucker
2 gestr. TL Backpulver
2 Eier
250 g Butter

Füllung:
250 g gemahlene Mandeln
300 g Zucker
Saft und Schale von 2 unbehandelten Orangen
250 g Puderzucker
etwas Orangen- oder Marillenlikör
Mandelblättchen oder Walnußstückchen zum Verzieren

Mehl mit Backpulver, Zucker, Eiern und Butter zu einem Knetteig verarbeiten und kühl stellen.
Für die Füllung Orangenschale abreiben und Orangen auspressen. Orangenschale mit Mandeln und Zucker mischen und soviel Saft hineinrühren, bis die Masse streichfähig wird. Orangen- oder Marillenlikör zugeben.
Teig in zwei Hälften auf Backpapier ausrollen. Ein Teigstück auf das Backblech legen und mit der Füllung (1 cm Rand freilassen) bestreichen. Mit dem zweiten Teigstück zudecken und die Ränder festdrücken. Einige Male mit einer Gabel einstechen. Bei 180 Grad ca. 20 Minuten backen.
Puderzucker mit Orangensaft und etwas Likör verrühren und den heißen Kuchen damit bestreichen. In kleine Rauten schneiden und mit Mandelblättchen oder Walnußstücken verzieren.

Inge Ninding

Pistazienstangen

150 g Mehl
100 g Speisestärke
1 TL Backpulver
1 Ei
50 g brauner Zucker
125 g Butter

Belag:
100 g Butter
100 g brauner Zucker
2 EL Honig
1 EL süße Sahne
100 g gehobelte Mandeln
100 g gehackte Pistazienkerne

Mehl, Speisestärke und Backpulver vermischen. Ei, Zucker und weiche Butter zugeben und alles gut verkneten. Teig kalt stellen. Für den Belag Butter, Zucker, Honig und Sahne aufkochen. Mandeln und Pistazienkerne unterrühren. Masse abkühlen lassen. Teig auf bemehlter Arbeitsfläche zu einer Platte von der Größe eines Backbleches ausrollen. Auf ein mit Backpapier belegtes Blech geben und mit der Mandel-Pistazien-Masse bestreichen. Im vorgeheizten Backofen ca. 20–25 Minuten bei 175 Grad backen. Das erkaltete Gebäck in Stangen schneiden.

Christine Ameres
Degernbach 11, 8340 Pfarrkirchen

Powidl-Leckerli

$^1/_2$ l Milch
450 g Powidlmarmelade
(Zwetschgenmarmelade)
500 g Mehl
1 P. Backpulver
200 g gemahlene Nüsse

250 g Rosinen
$^1/_2$ P. Lebkuchengewürz
ca. 80 g Schokolade
nach Belieben Kuvertüre
zum Überziehen

Milch mit Powidlmarmelade verrühren, geriebene Nüsse, Rosinen, Lebkuchengewürz und die geschmolzene Schokolade unterrühren. Das mit Backpulver vermischte Mehl unterheben. Alles gut vermengen und auf ein gefettetes oder mit Backpapier belegtes Blech streichen. Bei 175 Grad ca. 35 Minuten backen. Erkaltet nach Belieben mit Kuvertüre überziehen und in kleine Leckerl (Rauten) schneiden.

Angela Fink
Langholzstraße 11, A-4050 Traun/Österreich

Rumwürfel

Rührteig:
250 g Zucker
250 g Mehl
30 g Kakao
80 g Butter
1 P. Backpulver
1 Tasse Milch
2 Eier
etwas Zitronensaft

Tunke:
$1/4$ l Rum 40 %
500 g Puderzucker
8 TL Kakao

Kokosflocken zum Wälzen

Aus den angegebenen Zutaten einen Rührteig bereiten und auf ein gefettetes oder mit Backpapier ausgelegtes Blech streichen. Bei 175 Grad ca. 20–30 Minuten backen. Teigplatte kalt in Würfel schneiden. Für die Tunke Rum mit Puderzucker und Kakao verrühren. Würfel eintauchen und anschließend in Kokosflocken wälzen.

Resi Seign
Siegenfurt 5, 8441 Haibach

Russische Schnitten

140 g Butter
4 Eigelb
50 g geriebene Schokolade
4 Eiweiß
140 g Zucker
140 g geriebene Nüsse
30 g Mehl

Schaummasse:
2 Eiweiß
140 g Zucker

zum Bestreuen:
geriebene Nüsse

Butter mit Eigelb schaumig rühren, Schokolade, Zucker, Nüsse und Mehl einarbeiten. Zum Schluß die steif geschlagenen Eiweiß unterheben. Auf ein gefettetes oder mit Backpapier belegtes Blech streichen und etwa 15 Minuten backen. Für die Schaummasse Eiweiß mit Zucker steif schlagen. Auf den Kuchen streichen und mit Nüssen dicht bestreuen. Nochmals ca. 20 Minuten backen. Ausgekühlt in kleine Würfel schneiden.

Sabine Schacherbauer
Scheiblhub 1, 8399 Ering (Inn)

Schoko-Nüßli

250 g Butter
200 g Zucker
3 Eier
$^1/_2$ TL gemahlener Zimt
250 g geriebene Schokolade
250 g gehackte oder gemahlene Nüsse
250 g Mehl

Guß:
200 g Puderzucker
etwas Rum oder Amaretto
1–2 TL löslicher Kaffee
Haselnüsse oder Walnußhälften zum Belegen

Butter mit Zucker und Eiern schaumig rühren. Mehl und übrige Zutaten untermengen. Die Masse auf ein gefettetes oder mit Backpapier belegtes Blech ca. 2 cm dick auftragen und mit dem Löffel glattstreichen. Bei 150 Grad im vorgeheizten Backofen ca. 25 Minuten backen. Sofort mit einer Glasur aus Rum oder Amaretto, löslichem Kaffee und Puderzucker bestreichen. Teigplatte in Quadrate schneiden und mit Nüssen verzieren.

Astrid Lausmann
Kirchenweg 13, 8347 Kirchdorf/Inn

Schweizer Zimtschnitten

300 g Mehl
200 g gemahlene Mandeln
200 g Zucker
1 Ei
1 Eigelb
250 g Butter
abgeriebene Schale einer Zitrone
1 gehäufter EL Zimt
1 MSP Nelkenpulver
1 Prise Salz

Guß:
1 Eiweiß
75 g Zucker
100 g Mandelblättchen

Mehl, Mandeln, Zucker, Ei und Eigelb in eine Schüssel geben. Fett in Flöckchen darauf verteilen, Zitronenschale, Zimt, Nelkenpulver und Salz zufügen. Alles zu einem glatten Teig vermengen. Teig zugedeckt im Kühlschrank mindestens 30 Minuten ruhen lassen. Teig auf ein gefettetes oder mit Backpapier belegtes Blech geben, mit Frischhaltefolie abdecken und gleichmäßig ausrollen. Folie abnehmen und Teig mehrmals mit einer Gabel einstechen. Im vorgeheizten Backofen bei ca. 180 Grad etwa 30 Minuten backen. Inzwischen Eiweiß steif schlagen, Zucker langsam einrieseln lassen und Mandelblättchen unterheben. Guß 10 Minuten vor Ende der Backzeit gleichmäßig auf dem heißen Teig verstreichen und fertigbacken. Das Gebäck in ca. 3 cm breite und 8 cm lange Streifen schneiden.

Margit Spieleder
Abt-Ulrich-Straße 8, 8353 Altenmarkt

Seminarschnitten

100 g Butter
140 g Zucker
3 Eigelb
120 g Schokolade
1 MSP Zimt
2 gemahlene Pimentkörner
3 gemahlene Nelken
1 kleine Prise Muskatnuß
unbehandelte Schale von $\frac{1}{4}$ Zitrone
140 g ungeschälte, geriebene Mandeln
50 g ungeschälte, gestiftelte Mandeln
3 Eiweiß
2 P. große, eckige Oblaten
etwas Johannisbeergelee zum Bestreichen

Glasur:
125 g Puderzucker
Saft einer halben Zitrone
1 EL heißes Wasser

Butter schaumig rühren, Eidotter, Zucker, weiche Schokolade und Gewürze untermengen. Zitronenschale und Muskat mit dem Eischnee, den geriebenen Mandeln und den Mandelstiften unterziehen. Backblech mit Oblaten auslegen. Masse daraufstreichen und bei 150 Grad langsam backen. Nach dem Erkalten mit Johannisbeergelee bestreichen und mit der Glasur aus Puderzucker, Zitronensaft und Wasser überziehen. Trocknen lassen und in 2 × 7 cm große Streifen schneiden.

Simona Brunner
Feldöd 1, 8383 Eichendorf/Aufhausen

Walnußtafeln

200 g bittere Schokolade
250 g weiche Butter
6 Eier
200 g Zucker
200 g gehackte Walnüsse
100 g Mehl
1 TL gemahlene Nelken
1 TL gemahlener Zimt
$\frac{1}{2}$ TL gemahlener Kardamom
200 g Aprikosenkonfitüre
200 g dunkle Kuchenglasur
80 g Walnußhälften zum Garnieren

Schokolade schmelzen und etwas abkühlen lassen. Eier trennen. Butter schaumig rühren, Eigelb, Zucker und die abgekühlte Schokolade zugeben und gut verrühren. Eiweiß steif schlagen und abwechselnd mit dem gesiebten Mehl, Walnüssen und den Gewürzen unter die Schokoladenmasse heben. Teig auf das gefettete oder mit Backpapier belegte Blech geben und glattstreichen. Im vorgeheizten Ofen auf der mittleren Einschubleiste bei 175 Grad 25 Minuten backen. Aprikosenkonfitüre durch ein Sieb streichen und auf der noch warmen Kuchenplatte verteilen. Mit Kuchenglasur überziehen und mit einem scharfen Messer Quadrate von 4 × 4 cm Seitenlänge markieren. Jeweils eine Walnußhälfte in die Mitte setzen. Die ausgekühlte Kuchenplatte in Quadrate schneiden.

Evi Buhmann
Ludwigshöhe 17, 8390 Passau

Würzige Weinecken

250 g Butter
1 P. Vanillinzucker
250 g Zucker
4 Eier
250 g Mehl
1 P. Backpulver
150 g geriebene Schokolade
$^{1}/_{8}$ l Glühwein

Glasur:
5 EL Glühwein
250 g Puderzucker
120 g geröstete, gehackte Mandeln

Butter schaumig rühren, Zucker und Vanillinzucker zugeben. Eier und das mit Backpulver vermischte Mehl abwechselnd unterrühren. Schokolade und Glühwein zugeben. Teig auf ein gefettetes Backblech streichen und im vorgeheizten Backofen bei 175 Grad ca. 25 Minuten backen. Kuchen abkühlen lassen. Aus Glühwein und Puderzucker eine Glasur herstellen und den Kuchen damit bestreichen. Mandeln darüberstreuen und Kuchen in kleine Dreiecke schneiden.

Cornelia Siebler
Rottau 12, 8398 Pocking 1

Stollen
Früchtebrot

Apfelbrot

1,5 kg Äpfel
500 g Zucker oder Honig
(100 g Zucker entspricht 60 g Honig)
2 TL Zimt
1 EL Kakao
1 Prise Pimentpulver
1 Prise Nelkenpulver
125 ml Rum
300 g Nüsse, grob gehackt
300 g Rosinen
300 g Feigen, grob gewürfelt
100 g Zitronat, fein gehackt
100 g Orangeat, fein gehackt
etwas abgeriebene Zitronenschale
1 kg Mehl
2 P. Backpulver

Äpfel schälen und grob raspeln, mit Zucker (Honig) und Gewürzen, Rum, Rosinen und Feigen vermischen. In einer verschlossenen Schüssel ca. 12 Stunden im Kühlschrank ziehen lassen. Das mit Backpulver vermischte, gesiebte Mehl zugeben und alle übrigen Zutaten gut einarbeiten. Teig auf drei gefettete Kastenkuchenformen (ca. 25 cm lang) verteilen. Bei ca. 180 Grad etwa 75 Minuten backen.

Gundelinde Lehner
Asamstraße 14, Altenmarkt, 8353 Osterhofen

Christstollen

40 g Hefe
80 g Butter
80 g Schweineschmalz
500 g Mehl
80 g Zucker
1 P. Vanillinzucker
1 gestrichener TL Backpulver
1 gestrichener TL Salz
etwas Milch
1 Eidotter
Schale einer halben Zitrone
40 g fein geschnittenes Zitronat
50 g gehackte Nüsse
120 g Korinthen
30 g fein geschnittenes Orangeat
50 g geriebene Schokolade
80 g gemahlene Mandeln
120 g Rosinen
Puderzucker zum Bestäuben
Butter zum Bestreichen

Hefe mit etwas Zucker, lauwarmer Milch und etwas Mehl zu einem dünnen Brei verrühren und warm gehen lassen. Schmalz und Butter zerlassen. Mehl mit Backpulver und Salz in einer Schüssel vermischen, Grube in der Mitte eindrücken. Zucker, Vanillinzucker, Eidotter, Zitronenschale und Milch in der Mehlgrube mit etwas Mehl verrühren. Hefedampferl und zerlassenes, abgekühltes Fett einarbeiten und alles rasch zu einem glatten Teig verkneten. Teig eine halbe Stunde ruhen lassen, dann alle übrigen Zutaten unterkneten und Teig nochmals rasten lassen. Teig zur typischen Stollenform ein wenig ausrollen, zusammenschlagen und mit Butter bestreichen. Auf einem gefetteten Blech im vorgeheizten Backofen bei 175 Grad ca. 1 Stunde backen. Noch heiß mit zerlassener Butter bepinseln und dick mit Puderzucker bestäuben. Nach dem völligen Erkalten den Stollen in Alufolie einwickeln und an einem kühlen, trockenen Ort aufbewahren.

Roland Kinz
Obereck 52, A-5242 St. Johann/W./Österreich

Dresdener Stollen

1000 g Mehl
440 g Butter
60 g Zucker
375 g gemahlene Mandeln
175 g fein geschnittenes Zitronat
200 g fein geschnittenes Orangeat
einige Tropfen Bittermandelöl
abgeriebene Zitronenschale
625 g Sultaninen
3-4 EL Rum
1 P. Vanillinzucker
125 g Hefe
125 g Milch
Butter zum Bestreichen
Puderzucker und Zucker zum Bestreuen

Die gebrühten, gewaschenen und getrockneten Sultaninen mit Rum tränken und zugedeckt ca. 12 Stunden stehenlassen. Hefe in Milch auflösen. Mit Mehl, Fett, Zucker, Mandeln, Zitronat und Orangeat, Zitronenschale und Vanillinzucker zu einem geschmeidigen Hefeteig verarbeiten. In Rum getränkte Sultaninen und Bittermandelöl zugeben. Teig ca. 1 $^1/_2$ Stunden an einem warmen Ort zugedeckt gehen lassen.
Auf einem Backbrett Teig nochmals gut durchkneten, in zwei Hälften teilen und Stollen formen. Nochmals 30 Minuten gehen lassen. Im vorgeheizten Ofen bei 180 Grad ca. 1 Stunde backen. Stollen noch warm mit zerlassener Butter bestreichen und mit einem Gemisch aus Zucker und Puderzucker bestreuen.

Liesel Noll
Bahnhofstraße 8, 8399 Ruhstorf

Gefüllter Weihnachtsstollen

350 g Mehl
ca. $^1/_{16}$ l Milch
1 Würfel Frischhefe
65 g Zucker
135 g Butter
2 Eier
2 Eidotter
1 Prise Salz
etwas abgeriebene Zitronenschale
etwas Muskatnuß

Mohnfülle:
100 g gemahlener Mohn
$^1/_4$ l Milch
25 g Honig
35 g Zucker
25 g Semmelbrösel
50 g gehobelte Mandeln
etwas Zimt
etwas abgeriebene Zitronenschale
etwas Butter zum Bestreichen
Puderzucker zum Bestäuben

Frischhefe in $^1/_{16}$ l lauwarmer Milch auflösen und mit den restlichen Zutaten zu einem glatten Teig verarbeiten. Ca. 35 Minuten ruhen lassen, dann eine Kugel aus dem Teig formen und 10 Minuten gehen lassen. Teig zu einem runden Fleck ausrollen, der in der Mitte dicker und zum Rand hin dünner sein soll.
Für die Mohnfülle Milch mit Honig und Zucker aufkochen, Mohn zugeben und abrösten. Gehobelte Mandeln und Semmelbrösel mit den Gewürzen unter die Masse rühren. Fülle so auf den Teig streichen, daß rundherum ein Teigrand bleibt. Diesen über der Fülle zusammennehmen und die Mitte des Stollens mit dem Nudelholz flachrollen. Die beiden dicken Teile übereinanderlegen. Zugedeckt ca. 30 Minuten gehen lassen.
Bei 175 Grad ca. 1 Stunde backen. Noch heiß mit zerlassener Butter bestreichen und mit Puderzucker bestäuben.

Hermine Weigel
Kranewittweg 73, A-5280 Braunau/Österreich

„Hundertjährige Torte"

375 g Butter
375 g Zucker
375 g Mehl
125 g gemahlene Mandeln
200 g Sultaninen
9 Eier

Saft und Schale einer
unbehandelten Zitrone
$1/8$–$1/4$ l Rum
$1/2$ P. Backpulver
etwas geriebene Muskatnuß

Butter, Eigelb und Zucker schaumig rühren. Mehl mit Backpulver vermischen. Eiweiß steif schlagen und abwechselnd mit dem Mehl unter die Schaummasse heben. Übrige Zutaten vorsichtig einarbeiten. Teig in eine große, gefettete und gebröselte Springform füllen und bei 150 Grad ca. 75 Minuten backen.

Maria Pauli
Eisensteiner Straße 85, 8372 Zwiesel

Hutzelbrot

250 g getrocknete Birnen
250 g getrocknete,
steinlose Zwetschgen
150 g Feigen
100 g Walnüsse

100 g Rosinen
20 g Zitronat
20 g Hefe
je 1 TL Zimt, Nelken,
Kakao und Salz

Birnen im Wasser zugedeckt ca. 30 Minuten kochen, abtropfen lassen und den Sud aufbewahren. Birnen, Zwetschgen und Feigen halbieren oder vierteln. Mit den Walnüssen, Rosinen und Zitronat in einen Topf geben und an einem warmen Ort über Nacht stehen lassen.
Am anderen Tag mit dem Brotteig, den Gewürzen, der im Birnensud aufgelösten Hefe und Weizenmehl nach Bedarf verkneten. Teig 20–30 Minuten zugedeckt stehen lassen. Zwei Laibe formen und auf ein gefettetes Backblech setzen. Nochmals etwa 20 Minuten gehen lassen, dann mit Wasser bestreichen.
Backofen auf 220–240 Grad vorheizen und eine Tasse Wasser hineinstellen. Hitze auf 190 Grad reduzieren und Hutzelbrote 50–60 Minuten backen. Die fertigen Brote mit Wasser bestreichen.

Cilly Schreidobler
Öd 4, 8399 Kößlarn

Kletzenbrot

750–1000 g Kletzen (getrocknete Birnenschnitze)
250 g getrocknete Pflaumen
250 g Datteln
125 g Sultaninen
125 g Korinthen
125 g Nüsse
50 g Zitronat
1250 g Mehl
2 Kränze Feigen
1 P. Lebkuchengewürz
1 TL gemahlener Koriander
$^1/_8$ l Rum
175 g Farinzucker
1 $^1/_2$ P. Hefe
1 Prise Salz

Am ersten Tag Kletzen und Pflaumen in etwas Wasser nicht zu weich kochen, abseihen und den Sud zum Anmachen des Teiges aufheben. Alle Früchte, auch Datteln und Feigen, klein schneiden. Gewürze, Nüsse, Zucker und Rum in eine große Schüssel geben und mit den Früchten gut durchmischen. Über Nacht zugedeckt stehen lassen. Am nächsten Tag mit etwas Mehl, Hefe und Birnensud ein Dampferl machen und gehen lassen. Mehl und Salz mit Früchten mischen, Dampferl einarbeiten und nach Bedarf Birnensud zugeben. Masse gut durcharbeiten und warm gehen lassen, bis sie sich verdoppelt hat. Auf dem Nudelbrett zu Wecken und Laiben formen. Kletzenbrot auf ein gefettetes oder mit Backpapier belegtes Blech setzen und nochmals kurz gehen lassen. Bei 175 Grad ca. 75 Minuten backen. Noch heiß mit Birnensud bestreichen.

Andrea Stöger
Niederpöring 59, 8351 Oberpöring

Marzipanstollen

3 P. Dauerbackhefe
400 g Zucker
etwa $^1/_4$ l Milch
1 kg Mehl
abgeriebene Schale einer Zitrone
$^1/_2$ TL Salz
1 P. Vanillinzucker
je 1 MSP Kardamom, Zimt, Muskatblüte
je 125 g Butter und Schmalz
5 Eier
je 125 g fein gehacktes Orangeat und Zitronat
80 g gehackte Mandeln
150 g Rosinen
150 g Korinthen
6 EL Rum
200 g Marzipanrohmasse
200 g Puderzucker
zerlassene Butter zum Bestreichen
Puderzucker zum Bestäuben

Mehl mit Hefe mischen, mit Zucker, Milch, Gewürzen, zerlassenem Fett und Eiern zu einem Hefeteig verarbeiten. Gründlich durcharbeiten, bis er Blasen wirft. Dann Zitronat, Orangeat, Mandeln und die in Rum getränkten Rosinen und Korinthen unterarbeiten. Teig gehen lassen, dann zu einem Rechteck ausrollen. Marzipanrohmasse mit Puderzucker verkneten, zu einer Rolle formen und auf die Teigplatte legen. Stollen formen und auf ein gefettetes Backblech legen. Nochmals gehen lassen. Bei 175 Grad ca. 60 Minuten backen. Sofort danach mit zerlassener Butter bestreichen und mit etwas Zucker bestreuen. Nach dem Erkalten mit Puderzucker bestäuben.

Irmgard Knollmüller
Dorf 7, 8358 Vilshofen

Original Egerländer Weihnachtsstollen

500 g Mehl
ca. $\frac{1}{4}$ l Milch
40 g Hefe
2 Eier
etwas geriebene Muskatnuß
etwas abgeriebene Zitronenschale
1 Prise Salz
80 g Zucker
1 P. Vanillinzucker
100 g Rumrosinen
100 g gestiftelte Mandeln
100 g Butter
zerlassene Butter zum Bestreichen

Aus den angegebenen Zutaten einen gut mittelfesten Hefeteig zubereiten. Mit der Hand kneten, nicht mit der Küchenmaschine, da der Teig nicht zu weich sein soll. An einem warmen Ort ca. 1 Stunde ruhen lassen.
Teig in Stücke schneiden und zu 9 Rollen formen, die in der Mitte etwas dicker und an den Rand hin etwas dünner sein sollen. Aus den Rollen folgende Zöpfe flechten: 4 Rollen zum breitesten Zopf, 3 Rollen zu einem etwas dünneren Zopf, 2 Rollen zum schmalsten Zopf zusammendrehen. Nun die Zöpfe aufeinandersetzen und mit Eigelb bestreichen.
Bei 175 Grad ca. 1 Stunde backen. Stollen noch heiß mit zerlassener Butter bestreichen, nicht mit Puderzucker bestäuben.

Inge Bogner
Ottocher Straße 32, Arbing

Schwedischer Weihnachtskuchen

200 g Mandeln
200 g Datteln
200 g getrocknete Feigen
400 g Butter oder Margarine
400 g Zucker
1 P. Vanillinzucker
7 Eier
400 g Mehl
1 TL Backpulver
200 g kernlose Rosinen
3 EL Sherry
ca. 50 g Puderzucker zum Bestäuben

Datteln entkernen und zusammen mit den Feigen klein schneiden. In einer Schüssel mit etwas Mehl vermengen. Rosinen in einer Schüssel mit kochendem Wasser übergießen und ziehen lassen. Mandeln in einem Topf mit heißem Wasser überbrühen und schälen, anschließend hacken und mit etwas Zucker bestreuen. Butter schaumig rühren, restlichen Zucker, Vanillinzucker und Eier abwechselnd unterrühren. Restliches Mehl mit Backpulver mischen und unter die Schaummasse heben. Mandeln, Datteln und Feigen zugeben. Rosinen auf einem Sieb gut abtropfen lassen, mit Haushaltspapier trockentupfen und mit dem Sherry in den Teig rühren. Drei Kastenformen von je 26 cm Länge fetten. Boden mit einem Stück Pergamentpapier auslegen und Teig einfüllen. Teigoberfläche mit einem in kaltes Wasser getauchten Eßlöffel glattstreichen. Im vorgeheizten Ofen auf der untersten Schiene bei 180 Grad ca. 70 Minuten backen. Ausgekühlten Kuchen von den Rändern lösen, stürzen und mit Puderzucker bestäuben.
Tip der Einsenderin: Soll der Kuchen gelagert werden, gut in Alufolie einwickeln.

Eva Kröll
Dr.-Rasper-Straße 17 a, A-4802 Ebensee/Österreich

Topfenstollen

500 g Mehl
1 P. Backpulver
100 g Zucker
1 P. Vanillinzucker
100 g geschälte, gestiftelte Mandeln
200 g Butter
250 g Topfen
2 Eier
1 Likörglas Rum
1 Prise Salz
250 g Rosinen
100 g fein geschnittenes Orangeat
50 g fein geschnittenes Zitronat

Mehl mit Backpulver und Salz vermischen, Butter in kleinen Flöckchen daraufgeben und mit dem Mehl verbröseln. Mit Topfen, Zucker, Eiern, Rum und Mandeln zu einem Teig verkneten. Rosinen, Zitronat und Orangeat rasch einarbeiten. Teig in 2 Hälften teilen, jeweils wie Wecken formen und mit einem Nudelholz in der Mitte etwas auseinanderdrücken. Zur Stollenform zusammenklappen. Die beiden Stollen auf einem mit Backpapier belegten Blech bei 175 Grad ca. 1 Stunde backen.

Gerlinde Fössner
Gleinkerau 13, A-4580 Windischgarsten/Österreich

Würziges Pflaumenbrot

175 g Zucker
¼ l Wasser
Saft und abgeriebene Schale einer unbehandelten Zitrone
225 g Pflaumenmus
50 g gehackte Mandeln
1 Gläschen Zwetschgenwasser
½ TL Zimt
½ TL gemahlene Nelken
1 MSP geriebene Muskatnuß
250 g Mehl
½ P. Backpulver

Zucker in einem Topf unter Rühren schmelzen, bis der Zucker goldbraune Farbe hat. Mit kochendem Wasser ablöschen und glattrühren. Zuckerlösung abkühlen lassen. Pflaumenmus, Mandeln, Zitronensaft und -schale, Zwetschgenwasser und Gewürze zur Zuckerlösung geben und gut verrühren. Mehl mit Backpulver mischen und über die Masse sieben. Alles zu einem glatten Teig verrühren. Rehrücken oder Stollenform gut fetten und Teig einfüllen. Im vorgeheizten Ofen bei 175 Grad ca. 45 Minuten backen. Dann Temperatur auf 150 Grad vermindern und weitere 30 Minuten backen.
Tip der Einsenderin: In Frischhaltefolie eingeschlagen hält sich das Pflaumenbrot ca. 3–4 Wochen frisch.

Regina Schanzer
Holzbach 4, 8399 Fürstenzell

Zaunerstollen

240 g geriebene Schokolade
¼ l Sahne
120 g Nüsse
110 g zerbröselte Oblaten oder Waffeln
etwas Öl
Schokoladenglasur

Schokolade in Schlagsahne unter ständigem Rühren aufkochen, abkühlen lassen. Masse schlagen, bis sie steif ist. Nüsse im Ganzen rösten, reiben und mit den zerbröselten Waffeln oder Oblaten zur Sahnemasse geben.
Eine Rehrückenform mit Öl auspinseln, Teig einfüllen und kalt stellen. Am nächsten Tag stürzen und mit Schokoladenglasur bestreichen. Zaunerstollen dünn aufschneiden.

Irmgard Thalhammer
Ritzling 5, A-4904 Atzbach/Österreich

Vollkorngebäck

Ahornsiruphörnchen

150 g ungeschälte, gemahlene Mandeln
100 g Weizen, fein geschrotet
50 g Buchweizen, fein geschrotet
150 g Weizenvollkornmehl
150 g kalte Butter
200 g Ahornsirup

abgeriebene Schale einer
unbehandelten Orange
Mark einer halben
Vanilleschote
1 MSP Salz

Die gemahlenen Mandeln mit den verschiedenen Mehlsorten in einer Schüssel vermischen. Die Butter in Flöckchen darübergeben und alle übrigen Zutaten beimengen. Alles schnell zu einem geschmeidigen Teig zusammenkneten. Teig zuerst zu dünnen Rollen, dann zu Hörnchen formen. Auf einem mit Backpapier belegten Blech bei ca. 180 Grad 10–12 Minuten hellbraun backen.

Anna Altschäffl
Kirchdorf, 8353 Osterhofen

Dinkellebkuchen

140 g Butterschmalz
300 g brauner Zucker
4 Eier
200 g fein gehacktes Zitronat
1/2 l Milch
2 P. Backpulver
2 MSP Nelken
2 TL Zimt

1 P. Lebkuchengewürz
200 g Korinthen
2 TL Kakao
300 g gemahlene Nüsse
500 g Dinkelmehl
Oblaten, Durchmesser 7 cm
Schokoglasur zum Bestreichen

Fett zerlassen, abkühlen lassen und mit Zucker und Eiern schaumig rühren. Alle übrigen Zutaten zur Schaummasse geben und unterrühren. Nach Belieben Zitronat und Korinthen mit etwas Milch püriert zur Schaummasse geben. Teig bergartig auf Oblaten streichen und aufs Backblech setzen. Bei 180 Grad ca. 20–25 Minuten backen. Erkaltete Lebkuchen mit Schokoglasur überziehen.

Anna Huber-Troll
Neukirchen 2, 8261 Kirchweidach

Florentiner Nußschnitten

250 g Weizenvollkornmehl
¹/₄ TL Backpulver
80 g Honig
125 g Butter
1 Ei

Belag:
100 g Butter
150 g Honig
250 g Sahne
200 g Haselnüsse
200 g Mandeln
100 g Walnüsse
50 g Pistazien
100 g fein gewürfeltes Zitronat
Schokoladenglasur zum Bestreichen

Weizenvollkornmehl mit Backpulver vermischen, mit Honig, Butter und Ei zu einem Mürbteig verkneten. Teig ca. 30 Minuten kühl stellen, anschließend auf einem leicht gefetteten Backblech dünn ausrollen.
Für den Belag Butter in einem Topf mit großem Durchmesser schmelzen lassen, Honig und Sahne einrühren und zusammen ca. 5 Minuten köcheln lassen. Haselnüsse, Mandeln, Walnüsse und Pistazien grob hacken, mit Zitronat unter die Sahnemasse mischen. Masse gleichmäßig auf den Mürbteig verteilen und bei 180 Grad ca. 30 Minuten backen. Kurz abkühlen lassen und in Quadrate oder Dreiecke schneiden. Nach Belieben mit Schokoglasur bestreichen.

Frieda Plattner
Galgweis, Hopperfeldring 8, 8353 Osterhofen

Früchtebrot

100 g Weizen, fein geschrotet
100 g Honig
125 g weiche Butter
4 Eier
3 TL Backpulver
125 g gemahlene Haselnüsse
125 g gehackte Mandeln
125 g gewürfeltes Zitronat
125 g würfelig geschnittene Feigen
125 g Korinthen
$^1/_2$ TL Zimt
2 TL Rum
Schale einer halben Zitrone
einige abgezogene Mandelhälften zum Verzieren

Fein geschrotetes Weizenmehl mit Backpulver vermischen, mit Honig, Butter und Eiern gut verrühren. Alle übrigen Zutaten kurz untermengen. Teig in eine 30–35 cm lange, gefettete Kastenform füllen. Nach Belieben mit Mandelhälften verzieren. Bei 175 Grad etwa 50–70 Minuten backen.

Maria Ruderer
Fraunhofer Straße 3, 8350 Plattling

Kürbiskernkipferl

300 g Mehl
180 g Butter oder Schweineschmalz
70 g Puderzucker
100 g gemahlene Kürbiskerne
Puderzucker-Vanillinzucker-
Gemisch zum Wälzen

Mehl mit gemahlenen Kürbiskernen und Puderzucker auf der Arbeitsfläche mischen. Butter oder Schweineschmalz in kleinen Flöckchen zugeben und gut einarbeiten. Geschmeidigen Teig zu dünnen Rollen formen, daraus kleine Kipferl abstechen und rund formen. Kipferl auf ein mit Backpapier belegtes Blech setzen und bei 180 Grad ca. 15 Minuten backen. Nach dem Erkalten in dem Puderzucker-Vanillinzucker-Gemisch wälzen.

Hertha Pukshofen
Hardt 103, A-8062 Kumberg/Österreich

Haferflockenplätzchen

1 EL Butter
60 g Butter
125 g Haferflocken
1 EL Zucker
60 g Zucker
1 Ei
1 TL Backpulver
$^1/_2$ TL Zimt
50 g Weizen

1 Eßlöffel Butter oder Margarine in eine Pfanne geben und leicht erhitzen. Wenn das Fett geschmolzen ist, Haferflocken zugeben und gut umrühren. Die Haferflocken leicht anrösten, dabei ständig rühren. Zum Schluß 1 EL Zucker untermischen. Pfanne von der Herdplatte nehmen und Haferflocken abkühlen lassen. Butter oder Margarine in eine Rührschüssel geben und mit dem Handrührer schaumig schlagen. Dabei nach und nach den restlichen Zucker und das Ei dazugeben. So lange weiterrühren, bis sich der Zucker aufgelöst hat. Weizen in der Getreidemühle fein mahlen. Backpulver und Zimt unter das Mehl mischen. Mehlmischung und die abgekühlten Haferflocken zur Schaummasse geben und nochmals kurz unterrühren. Mit 2 Teelöffeln kleine Häufchen auf ein mit Backpapier belegtes Blech setzen. Plätzchen bei 180 Grad ungefähr 10–15 Minuten backen. Sofort vom Blech nehmen und auf einem Gitter abkühlen lassen.

Andrea Götz
Buch am Erlbach

Hirsebusserl

200 g Butter	350 g Hirsemehl
200 g Honig	80 g Weizenvollkornmehl
2 Eier	3 EL Rosinen
3 EL Wasser	2 gehäufte EL Zitronat, fein gehackt
2 EL Sojamehl	2 gehäufte EL Orangeat, fein gehackt
1 Prise Salz	2 gehäufte EL Mandelstifte
2 EL Rum	

Butter schaumig rühren, Honig, Wasser und Eier untermengen. Rum, Salz, Sojamehl, Hirse- und Weizenmehl zugeben. Rosinen, Zitronat und Orangeat sowie Mandelstifte vorsichtig unterheben. Den Teig ca. eine halbe Stunde kühl ruhen lassen.
Auf ein gefettetes oder mit Backpapier belegtes Blech mit 2 Teelöffeln kleine, hohe Häufchen setzen. Hirsebusserl 5 Minuten bei etwa 200 Grad, dann 7 Minuten bei 175 Grad backen.

Evi Barth
Pfarrweg 11, 8391 Straßkirchen

Kartoffellebkuchen

400 g Zucker	125 g fein gehacktes Orangeat
6 Eier	3 P. Backpulver
500 g gemahlene Nüsse	5 TL Lebkuchengewürz
450 g Vollkornmehl	1 Prise Salz
750 g gekochte, geriebene	Schokoladenguß
Kartoffeln (abgekühlt gewogen)	Oblaten
125 g fein gehacktes Zitronat	

Eier mit Zucker und Salz schaumig rühren, die geriebenen Kartoffeln zufügen. Nacheinander Zitronat, Orangeat, gemahlene Nüsse und das mit Backpulver und Lebkuchengewürz vermischte Vollkornmehl zugeben. Teig ca. 1 1/2 cm dick auf Oblaten streichen und 20–30 Minuten bei 175 Grad backen.
Erkaltet mit Schokoladenguß überziehen.

Maria Hofbauer
Gaisenhausen, 8338 Schönau

Mürbe Vollkornlebkuchen

150 g Butter oder Butterschmalz
250 g Honig oder 300 g Zucker
4 Eier
200 g fein gehacktes Zitronat
200 g Korinthen, evtl. gehackt
300 g gemahlene Haselnüsse
2 MSP Nelken
2 TL Zimt

2 TL Kakao
500 g Vollkornmehl
2 P. Backpulver
ca. $\frac{1}{2}$ l Milch
Oblaten
Schoko- oder Puderzucker-
glasur nach Belieben

Fett zerlassen und abkühlen lassen. Zucker und Eier abwechselnd dazurühren. Teig gut schaumig rühren und alle übrigen Zutaten nach und nach zugeben, zuletzt das mit Backpulver vermischte Mehl. Oblaten nicht zu flach mit der Masse bestreichen und bei 190 Grad ca. 20 Minuten backen. Die Lebkuchen nach Belieben mit Schoko- oder Puderzuckerglasur überziehen.

Elfriede Mühldorfer
Schweikelbergstraße 46, 8358 Vilshofen

Nuß-Frucht-Konfekt

200 g gemischte Nüsse (Haselnüsse, Walnüsse,
        Mandeln, Paranüsse)
500 g ungeschwefelte Trockenfrüchte (Aprikosen,
        Äpfel, Feigen, Datteln, Rosinen)
        etwas Zimt, Vanille, Nelkenpulver, Kakao, Rum
2 P. große rechteckige Backoblaten

Nüsse mittelfein mahlen, einen Teil nur grob hacken, Trockenfrüchte durch den Fleischwolf drehen. Alles miteinander vermengen. Zum Verfeinern Gewürze, Kakao und Rum dazugeben. Gut durchkneten. Oblaten nach Belieben mit einem scharfen Messer spalten. Masse zwischen 2 Bogen Backpapier 1 cm dick ausrollen. Oberes Backpapier abziehen, Platte mit Oblaten belegen und wenden, unteres Backpapier abziehen und diese Seite der ausgerollten Masse ebenfalls mit Oblaten belegen. In Vierecke schneiden. Kühl aufbewahren.

Rosi Gerl
Buch am Erlbach

Müsli-Lebkuchen

200 g Vollkornmehl
150 g Zucker
50 g fein gehacktes Zitronat
50 g fein gehacktes Orangeat
1 P. Backpulver
100 g gemahlene Haselnüsse
3 TL Lebkuchengewürz
1 TL gemahlene Nelken
1 P. Vanillinzucker

250 g Früchtemüsli
100 g Butter
200 ml Milch
2 EL Honig
4 Eier
Schokoglasur oder Puderzuckerguß
zum Bestreichen
Backoblaten

Mehl mit Backpulver, Haselnüssen, Orangeat, Zitronat und Zucker mischen. Vanillinzucker, Gewürze und Früchtemüsli untermengen. Zerlassene Butter mit Milch, Honig und Eiern verrühren und unter die Mehlmischung geben. Teig glattrühren und auf Backoblaten streichen. Bei 180 Grad ca. 20 Minuten backen. Nach dem Abkühlen mit beliebiger Glasur bestreichen.

Marianne Gasteiger
Schernegg 8, 8332 Massing

Orangenstangen

125 g Butter
1 Ei
100 g Honig
150 g Weizenvollkornmehl
1 TL Backpulver

abgeriebene Schale einer Orange
100 g sehr fein gehacktes Orangeat
Schokoladenkuvertüre und
Mandelblättchen zum Verzieren

Butter, Ei und Honig zu einer Schaummasse rühren. Mehl, Backpulver und die abgeriebene Orangenschale untermengen. Orangeat zuletzt unterheben und Teig ca. 1 Stunde kalt stellen.
Teig in einen Spritzbeutel füllen und auf ein mit Backpapier belegtes Blech kleine Stangen spritzen. Bei 175 Grad ca. 10 Minuten backen. Nach dem Erkalten beide Enden der Plätzchen mit Kuvertüre bestreichen und mit Mandelblättchen bestreuen.

Liane Fröstl
Lailing 4, 8351 Otzing

Nußecken

250 g Weizenvollkornmehl
1 MSP Backpulver
70 g Zucker
1 Prise Salz
125 g Butter oder Margarine
1 Ei
200 g Aprikosenkonfitüre
125 g Butter oder Margarine
100 g Zucker
2 EL Wasser
300 g gehackte Haselnüsse

Mehl, Backpulver, Zucker und Salz mischen, Butter oder Margarine und das Ei dazugeben und alles zu einem glatten Teig verkneten, kalt stellen. Dann auf einem gefetteten Blech ausrollen (etwa 20 × 30 cm). Die Oberfläche dünn mit der Konfitüre bestreichen.
Butter oder Margarine und Zucker mit Wasser aufkochen, Haselnüsse unterrühren, etwas abkühlen lassen und über die Konfitüre streichen. Im vorgeheizten Ofen bei 200 Grad 15–20 Minuten backen. Die Kuchenplatte in Dreiecke (ca. 60 Stück) schneiden, abkühlen lassen. Nach Belieben 200 g Kuvertüre schmelzen und die Seiten der Dreiecke eintauchen.

Hildegard Strebl
Poxau

Sonnenblumenkugeln

200 g Butter oder Margarine
250 g Zucker
$^1/_4$ TL Salz
2 Eier
6 Tropfen Bittermandelöl
200 g Weizenvollkornmehl
100 g Weizenmehl Type 405
100 g feine Haferflocken
$^1/_2$ TL Backpulver
75 g Sonnenblumenkerne
75 g Rosinen
150 g Sonnenblumenkerne zum Bestreuen

Butter oder Margarine mit Zucker, Salz, den Eiern und dem Bittermandelöl schaumig rühren. Mehl, Haferflocken und Backpulver mischen und untermengen. Sonnenblumenkerne und Rosinen unterkneten. Aus dem Teig kirschgroße Kugeln formen, diese zur Hälfte in Sonnenblumenkernen wälzen und mit der freien Seite nach unten auf ein gefettetes Backblech legen. Im vorgeheizten Ofen bei 220 Grad etwa 12 Minuten backen.

Martha Strebl
Aiglkofen

Vollkorn-Mohnkugeln

250 g Butter
1 Ei
100 g Rohrzucker
$^{1}/_{2}$ TL Zimt
Mark einer Vanilleschote
150 g Weizenvollkornmehl
150 g Hafermehl
80 g frisch gemahlener Mohn
1 TL Backpulver
150 g Rosinen
3 EL Rum
etwas Orangensaft oder Traubensaft
Sesam, Haferflocken oder Sonnenblumenkerne zum Wälzen

Butter schaumig rühren, Zucker und Ei untermengen. Mehl, Mohn, Backpulver, Zimt und Vanillemark mischen und nach und nach unterrühren. In Rum und Saft eingeweichte Rosinen zugeben. Aus dem Teig Kugeln formen, in Sesam, Haferflocken oder Sonnenblumenkernen wenden. Bei 180 Grad ca. 20 Minuten backen.

Maria Friedenberger
Gramling 2

Sonnenblumenplätzchen

125 g Butter
1 Ei
125 g Honig
250 g Weizenvollkornmehl
1 TL Zimt
1 MSP Nelken
100 g Kokosflocken
100 g Sonnenblumenkerne
125 g Sultaninen oder Korinthen

Butter, Honig und Ei verrühren. Mehl, Sonnenblumenkerne, Sultaninen, Kokosflocken und Gewürze zugeben und verkneten. Aus dem Teig Rollen von ca. 3 cm Durchmesser formen und über Nacht zugedeckt kalt stehen lassen. Am nächsten Tag Scheiben abschneiden (ca. 1 cm dick), auf ein mit Backpapier belegtes Blech legen und bei 175 Grad ca. 12 Minuten goldgelb backen.

Elfriede Dawuidor
Nürnberg 11, 8342 Tann

Sonnenblumenleckerl

125 g Butter
250 g Haferflocken
125 g Rosinen
125 g Sonnenblumenkerne
2 Eier

100 g Zucker
1 P. Vanillinzucker
2 TL Backpulver
50 g Mehl

Butter erhitzen, Haferflocken unterrühren und abkühlen lassen. Eier, Zucker, Vanillinzucker, Mehl und Backpulver untermengen. Rosinen und Sonnenblumenkerne zugeben, alles gut vermischen. Mit 2 Teelöffeln kleine Häufchen auf ein gefettetes oder mit Backpapier ausgelegtes Blech setzen und im vorgeheizten Backofen bei 175 Grad ca. 20 Minuten backen.

Therese Ehrlich
Sonneneck 7, 8397 Bad Füssing

Vollwertstollen „Retzer-Oma"

1500 g fein gemahlenes Weizenvollkornmehl
375 g Butter
150 g Hefe (oder 4 P. Trockenhefe)
150 g fein gewürfeltes Zitronat
150 g fein gewürfeltes Orangeat
150 g gemahlene Mandeln oder Nüsse
Schale einer unbehandelten Zitrone
500 g Vollrohrzucker
etwas Muskatblüte
1 Prise Salz
ca. $1/2$ l Milch
500 g Sultaninen
3 Eidotter
Butter zum Bestreichen

Hefeteig zubereiten aus Mehl, Zucker, Hefe, Milch, Butter, Salz und Eiern. Teig ca. 1 Stunde warm gehen lassen. Alle übrigen Zutaten unterkneten und Teig nochmals gehen lassen.
Auf einer bemehlten Arbeitsfläche Teig zu einem Stollen formen. Bei 180 Grad ca. 1 Stunde backen. Nach der halben Backzeit mit Alufolie abdecken. Den noch warmen Stollen mit zerlassener Butter bestreichen.

Roswitha Wargitschlager
Propst-Grüneis-Str. 5a, 8262 Altötting

Vollkorn-Früchtelebkuchen

100 g Walnußkerne
400 g Weizenmehl, fein gemahlen
50 g Dörrpflaumen ohne Stein
50 g getrocknete Birnen
50 g ungeschwefelte Äpfel
100 g ungeschwefelte Rosinen
1 ½ EL Lebkuchengewürz
abgeriebene Schale einer
unbehandelten Zitrone
3 Eier
170 g Honig
100 g Sahne
3 EL sehr kaltes, kohlensäurereiches Mineralwasser

Nüsse grob hacken, Pflaumen, Birnen und Äpfel in kleine Würfel schneiden. Rosinen, Lebkuchengewürz und Zitronenschale dazugeben und alles mischen. Eier mit Honig und der Sahne verrühren, Mineralwasser und Früchtemischung dazugeben. Zuletzt das Mehl darunterarbeiten. Den Teig 1 bis 2 Stunden zugedeckt quellen lassen. Das Blech einfetten oder mit Backpapier auslegen. Teig mit einem nassen Teigschaber gleichmäßig auf dem Blech verstreichen. Auf der mittleren Leiste in den kalten Backofen schieben und bei 200 Grad etwa 25 Minuten backen. Die Teigplatte noch warm in Rechtecke schneiden. Abkühlen lassen. Die Lebkuchen in einer gut schließenden Dose mindestens 4 Tage durchziehen lassen.

Maria Götz
Buch am Erlbach

Würziges Adventbrot

400 g Weizen
100 g Dinkel
100 g Buchweizen
4 Pimentkörner
2 TL Koriander
2 TL Anissamen
2 TL Fenchelsamen
200 g Roggenmehl
100 g Sojamehl
2 P. Trockenhefe
2 P. Sauerteigextrakt
1 TL gemahlene Nelken
1 TL gemahlene Muskatblüte
1 MSP gemahlener Ingwer
1 TL Salz
150–175 g Rübenkraut (Sirup)
100 g weiche Butter
$^1/_2$ l lauwarmes Wasser
200 g Sultaninen
100 g grob gehackte Walnußkerne

Weizen, Dinkel, Buchweizen mit Pimentkörnern, Koriander, Anissamen und Fenchel fein mahlen. Mit Roggenmehl, Sojamehl, Trockenhefe, Sauerteigextrakt und übrigen Gewürzen sorgfältig mischen. Rübenkraut (Sirup) sowie weiche Butter und lauwarmes Wasser nach Bedarf zufügen. Mit der Küchenmaschine 5 Minuten auf der höchsten Stufe verarbeiten. Kurz vor Beendigung der Knetzeit Sultaninen und grob gehackte Walnußkerne unterarbeiten. Teig warm gehen lassen und zu einem Stollen formen. Auf ein mit Backpapier belegtes Backblech legen und mit Wasser bestreichen. Bei 175 Grad ca. 70 Minuten backen.

Regina Schanzer
Holzbach 4, 8399 Fürstenzell

IRMI HOFMANN
Schmankerl aus dem Bauernjahr
Kulinarische Leckerbissen aus Ostbayern

Format 17 × 24 cm, Pappband, 184 Seiten,
8 Farbabbildungen, über 200 Rezepte

DM 19,80   4. Auflage

Schmankerl aus dem Bauernjahr, die schon beim Lesen auf der
Zunge zergehen. Bodenständig-urige Rezepte, die Ihre Alltags-
küche bereichern, und raffiniert-feine Köstlichkeiten, mit denen
Sie wie ein „Sternekoch" glänzen können.
Sie finden in diesem Buch schmackhafte Suppen, deftige Fleisch-
speisen, leckere Mehlspeisen, kernige Kartoffelgerichte, Knödel,
zarte Nachspeisen, Süßes zum Kaffee und besondere Schmankerl.

ISBN 3-924484-42-2